# Aprender com Jogos e Situações-Problema

M141   Macedo, Lino de
       Aprender com jogos e situações-problema / Lino de
       Macedo, Ana Lúcia Sícoli Petty e Norimar Christe Passos. –
       Porto Alegre : Artmed, 2000.

       ISBN 978-85-7307-763-6

       1. Educação – Aprendizagem – Jogos. I. Petty, Ana
       Lúcia. II. Passos, Norimar Christe. III. Título.

       CDU 371.9

Catalogação na publicação: Mônica Ballejo Canto – CRB 10/1023

# Aprender com Jogos e Situações-Problema

Lino de Macedo
Ana Lúcia Sícoli Petty
Norimar Christe Passos

Reimpressão 2007

2000

© Artmed Editora S.A., 2000

*Design de capa:* Flávio Wild

*Assistente de design:* Gustavo Demarchi

*Ilustrações:* Kundry Lyra Klipell

*Preparação de originais:* Henry Saatkamp

*Supervisão editorial:* Mônica Ballejo Canto

*Editoração eletrônica*: TIPOS editoração eletrônica

Reservados todos os direitos de publicação, em língua portuguesa, à
ARTMED® EDITORA S.A.
Av. Jerônimo de Ornelas, 670 - Santana
90040-340 Porto Alegre   RS
Fone (51) 3027-7000   Fax (51) 3027-7070

É proibida a duplicação ou reprodução deste volume, no todo ou em parte,
sob quaisquer formas ou por quaisquer meios (eletrônico, mecânico, gravação,
fotocópia, distribuição na Web e outros), sem permissão expressa da Editora.

SÃO PAULO
Av. Angélica, 1091 - Higienópolis
01227-100 São Paulo   SP
Fone (11) 3665-1100   Fax (11) 3667-1333

SAC 0800 703-3444

IMPRESSO NO BRASIL
*PRINTED IN BRAZIL*
Impresso sob demanda na Meta Brasil a pedido de Grupo A Educação.

# PREFÁCIO

No Brasil, a educação básica está prometida para todas as crianças e jovens. Prometida no plano da lei, dos recursos orçamentários e do compromisso da família, da escola e de todas as outras instituições públicas responsáveis pela educação básica como um direito de todos. Trata-se de uma conquista social e política muito importante, pois possibilita retirar da marginalidade e da exclusão as crianças que não tinham condições de entrar e percorrer a escola de ensino fundamental. O desafio, agora, é o de promover a aprendizagem de conhecimentos e o desenvolvimento de competências e habilidades de forma significativa e duradoura para todas as crianças. A conquista de um direito implica, na prática, comprometer-se com o que – por decorrência – está contido em sua efetiva realização. A escola está disposta a se rever, a se atualizar e, assim, a cumprir o que se espera dela? Os políticos e os executores das leis estão dispostos a cumprirem suas responsabilidades e fazerem chegar à escola os recursos e as condições para a realização dessa tarefa?

Pedagogia diferenciada, situações de aprendizagem, ensino por projetos e situações-problema, autonomia escolar, avaliação formativa e reguladora, promoção contínua, distribuição dos alunos em ciclos, classes de recuperação, educação inclusiva, formação de professores, parâmetros e diretrizes curriculares, gestão da sala de aula, desejo de aprender, interdependência entre conhecimentos escolares e competências e habilidades, para citar apenas alguns temas, compõem um novo cenário educacional, convidando ao estudo, à análise das práticas, à mudança de hábitos e de valores, à reorganização curricular.

No livro *Aprender, sim... mas, como?*, também publicado pela Artmed Editora, Philippe Meirieu (1998) analisa a questão defendendo a situação-problema como uma forma de aprendizagem interessante de ser adotada na escola. Aprender com jogos e situações-problema foi a nossa resposta ao desafio lançado pelo título do livro de Meirieu. Jogos, porque possibilitam a produção de uma experiência significativa para as crianças tanto em termos de conteúdos escolares como do desenvolvimento de competências e de habilidades. Situações-problema, porque os recortes de certas posições ou movimentos em um jogo possibilitam a reflexão e o aperfeiçoamento de esquemas utilizados pelas crianças; porque possibilitam um aprofundamento do saber dizer, saber fazer, tomar decisões, correr riscos, antecipar, encontrar razões ou regularidades, enfim aprender de uma forma, talvez, mais significativa e autônoma.

O leitor verificará que os capítulos seguem uma estrutura comum. Nos capítulos de reflexão teórica, trata-se de destacar fragmentos das leituras que serviram de referência, assumindo esses fragmentos como situações-problema que mobilizam um pensar sobre o tema destacado. Além disso, essas reflexões preparam-nos para os capítulos relativos aos ateliês de jogos. Nesses ateliês apresentamos nosso modo típico de trabalhar com professores que nos procuram visando fundamentar aspectos de sua formação profissional, bem como conhecer nossa proposta de um trabalho complementar ao da escola, por intermédio de jogos e de situações-problema. Todos os textos que compõem esse livro foram lidos, discutidos e analisados por centenas de professores que participam de nossos cursos. Os jogos, igualmente, foram "experimentados" nos ateliês. A proposta metodológica descrita expressa as coordenadas de nosso trabalho. As reflexões teóricas foram motivo de discussão e possibilitaram a análise de suas implicações no trabalho que o professor realiza na escola ou na clínica psicopedagógica. Além disso, os jogos foram utilizados nos ateliês com as crianças e permitiram o ensino de conteúdos escolares e o desenvolvimento de competências e de habilidades favoráveis à aprendizagem desses conteúdos.

Pretendemos com esse livro apresentar aos colegas nosso modo de trabalhar, os princípios teóricos que animam nossa prática, nossa convicção de que jogos e situações-problema podem ser recursos úteis para uma aprendizagem diferenciada e significativa. Diferenciada porque atribui à criança e ao professor outras posições na relação com o saber escolar. Para jogar e enfrentar situações-problema as crianças precisam ser ativas, envolvidas nas tarefas e nas relações com pessoas e objetos, ser cooperativas e responsáveis. Os jogos funcionam em uma estrutura de projeto em que propósitos, recursos, processos e resultados articulam-se no contexto das regras, do tabuleiro e das peças, da organização das jogadas, nos desafios, nos desfechos e nas encruzilhadas que enredam e dão sentido ao jogo. As regras são jogos de linguagem que convidam a uma vida comum, regulada por convenções que garantem e organizam a convivência no contexto dos jogos. Os valores expressam as atitudes, as formas de reação a um jogar bem, mal, com atenção e foco, concentrado, distraído, frustrado, confiante, disciplinado. Os símbolos, os gestos, as palavras comunicam esses sentimentos e expressam os significados, as fantasias, as hipóteses, as informações que orientam o trabalho das crianças. No caso dos professores essas mesmas ocorrências convidam à observação e à reflexão sobre a questão: "como aprendem os que ensinam"? As situações-problema retomam aspectos significativos do jogo e ilustram obstáculos a superar, pontos a aprofundar, razões a encontrar, regularidades não-percebidas, ganhos, compensações incompletas.

*Aprender com jogos e situações-problema* pretende ser, assim, mais um testemunho do compromisso dos integrantes do Laboratório de Psicopedagogia do Instituto de Psicologia da Universidade de São Paulo em favor da promoção dos processos de desenvolvimento das crianças e de sua aprendizagem em uma escola que, de fato, pretende ser fundamental para todas elas.

# SUMÁRIO

**Introdução** .................................................................. 11
    Para a realização de um projeto com jogos ................................ 13
    Elaborando o projeto .................................................... 15
    Aspectos metodológicos .................................................. 17
    Considerações finais .................................................... 23

**1 Repensando a educação em uma perspectiva piagetiana** ......... 29
    Sobre o fracasso escolar ................................................ 33
    Sobre a metodologia .................................................... 34
    Sobre o desenvolvimento infantil ........................................ 37
    Sobre papel do professor e sua formação ................................. 38
    Sobre o conceito de educação ............................................ 40
    Sobre diagnóstico e avaliação ........................................... 41
    Sobre os pais ........................................................... 43

**2 Quilles e Sjoelbak** ...................................................... 45
    *Quilles* ............................................................... 47
    Um pouco de história .................................................... 47
    Descrição ............................................................... 48
    Situações-problema ...................................................... 49
    Implicações psicopedagógicas ............................................ 51
    *Sjoelbak* .............................................................. 54
    Introdução .............................................................. 54
    Descrição ............................................................... 55
    Situações-problema ...................................................... 56

Implicações psicopedagógicas ........................................................ 57
O raciocínio lógico-matemático nos jogos *Quilles* e *Sjoelbak* ........... 61

**3   Caravana e Resta Um** ........................................................... **67**

*Caravana* ................................................................................... 69
História ........................................................................................ 69
Descrição ..................................................................................... 71
Situações-problema ...................................................................... 74
Implicações psicopedagógicas ....................................................... 75
*Resta Um* .................................................................................... 79
História ........................................................................................ 79
Descrição ..................................................................................... 80
Situações-problema ...................................................................... 81
Resolução por regiões ................................................................... 81
Implicações psicopedagógicas ....................................................... 82
A antecipação nos jogos *Caravana* e *Resta Um* ........................... 84

**4   Traverse e Quarto** ................................................................... **89**

*Traverse* ..................................................................................... 91
Introdução ................................................................................... 91
Descrição ..................................................................................... 93
*Quarto* ....................................................................................... 95
Introdução ................................................................................... 95
Descrição ..................................................................................... 96
Aprendendo a observar a criança .................................................. 97
Implicações psicopedagógicas ....................................................... 100
A observação nos jogos *Quarto* e *Traverse* ................................. 102

**Referências bibliográficas** .......................................................... **107**

**Anexos** ......................................................................................... **111**

# INTRODUÇÃO

## Para a realização de um projeto com jogos

Esta introdução tem como objetivo apresentar uma síntese da metodologia de trabalho desenvolvida pela equipe do Laboratório de Psicopedagogia (LaPp) do Instituto de Psicologia da Universidade de São Paulo. Neste contexto, jogos são utilizados no atendimento psicopedagógico a crianças e para o aperfeiçoamento de profissionais da área educacional.

O trabalho com crianças visa a oferecer apoio psicopedagógico a alunos de 1ª a 4ª séries da Escola Fundamental (cujas idades variam de 7 a 12 anos) que estão apresentando dificuldades de aprendizagem relativas ao âmbito escolar. Num contexto de oficinas, jogos são propostos com o objetivo de coletar importantes informações sobre como o sujeito pensa, para ir simultaneamente transformando o momento de jogo em um meio favorável à criação de situações que apresentam problemas a serem solucionados. A idéia central do trabalho consiste em fazer com que o jogador tenha uma atuação o mais consciente e intencional possível, de modo que possa produzir um resultado favorável ou, se isso não ocorre, que aprenda a analisar os diferentes aspectos do processo que o impediram de atingi-lo. Com isso, freqüentemente o aluno é levado – por si próprio ou por meio de intervenções de um profissional – a rever sua produção e atitudes, sempre tendo como fim modificar o que é negativo à realização da atividade como um todo ou melhorar aspectos que se apresentam insuficientes. Tal procedimento está em concordância com as idéias de Perrenoud (1998, p.103) a respeito da avaliação formativa. Em suas palavras:

> É formativa toda avaliação que ajuda o aluno a aprender e a se desenvolver, ou melhor, que participa da regulação das aprendizagens e do desenvolvimento no sentido de um projeto educativo. (...) a avaliação formativa define-se por seus efeitos de regulação dos processos de aprendizagem. Dos efeitos, buscar-se-á a intervenção que os produz e, antes ainda, as observações e as representações que orientam essa intervenção.

Uma reavaliação constante, favorecida pela intervenção do adulto, faz com que o aluno adquira gradativamente a possibilidade de generalizar suas conquistas nas oficinas para outros âmbitos (familiar, social e escolar). Essa possibilidade é conseqüência do que a prática com jogos ensina quanto às formas de pensar e agir características de um bom jogador, sendo bastante semelhantes às exigidas para realizar outras tarefas, escolares ou não. Piaget (1976, p.155), ao longo de suas pesquisas, também confirmou tal aquisição por parte do sujeito. Em suas palavras:

> Partamos de uma inovação qualquer do sujeito, que, a meu ver, resulta sempre de uma necessidade anterior (...) logo que atualizada, essa inovação constitui um novo esquema de procedimento, que, como todo esquema, tenderá a alimentar-se, aplicando-se a situações análogas. Mas há mais: essa generalização possível do esquema de procedimento confere ao sujeito um novo poder e o simples fato de ter conseguido inventar um procedimento para certas situações favorecerá, aos meus olhos, o êxito noutras.

Pode-se analisar a aplicação dos conhecimentos adquiridos num contexto de jogos e as contribuições do jogar sob diferentes perspectivas. Sabe-se que certas atitudes (Coll, 1987), como ser atento, organizado e coordenar diferentes pontos de vista são fundamentais para obter um bom desempenho ao jogar e também podem favorecer a aprendizagem na medida em que a criança passa a ser mais participativa, cooperativa e melhor observadora. Além disso, a ação de jogar exige, por exemplo, realizar interpretações, classificar e operar informações, aspectos que têm uma relação direta com as demandas relativas às situações escolares. Como afirma Piaget (apud Kamii e DeVries, 1991), o confronto de diferentes pontos de vista, essencial ao desenvolvimento do pensamento lógico, está sempre presente no jogo, o que torna essa situação particularmente rica para estimular a vida social e a atividade construtiva da criança. Os jogos em grupo existem há muito tempo, mas seu valor educacional pode ser bastante ampliado se pensarmos numa perspectiva piagetiana e, sob esse olhar, constatamos o quanto os jogos contribuem para o desenvolvimento das crianças. Considerando as idéias apresentadas, utilizar jogos como instrumento pedagógico tem sido nossa escolha para realizar o atendimento no laboratório e, por isso, são nosso permanente objeto de estudo.

Pensar o jogo nessa perspectiva implica reavaliar também o papel e as atitudes do professor ou psicopedagogo. O construtivismo de Piaget supõe um profissional ativo, que toma decisões e que leva em conta as formas de pensar de cada criança. A criação de cursos para profissionais ocorreu, então, como conseqüência de nossa prática no atendimento às crianças e estudos sobre jogos, ambos fundamentados na teoria piagetiana sobre desenvolvimento humano. Nesses cursos, mostramos o quanto as crianças podem aprender jogando e discutimos a respeito de diferentes formas de intervenção. Os participantes dos cursos poderão escolher os jogos mais relevantes para sua prática, construindo um trabalho profundo e equilibrado. Em síntese, o objetivo é ampliar o olhar do profissional para o uso pedagógico de jogos, visando favorecer a aprendizagem e contribuir para a avaliação dos alunos.

## Elaborando o projeto

O trabalho com jogos, assim como qualquer atividade pedagógica ou psicopedagógica, requer uma organização prévia e uma reavaliação constante. Muitos problemas de ordem estrutural podem ser evitados ou, pelo menos, antecipados, se determinados aspectos relativos ao projeto de trabalho forem considerados. Selecionamos alguns pontos fundamentais que, em geral, norteiam o nosso trabalho e descrevemos, a seguir, as principais características de cada um deles.

### *Objetivo*

Definir o objetivo ou a finalidade da utilização do jogo é fundamental para direcionar o trabalho e dar significado às atividades, bem como para estabelecer a extensão das propostas e as eventuais conexões com outras áreas envolvidas. Nesse momento, algumas perguntas podem ser feitas: O que pretendo desenvolver no decorrer das atividades? Onde quero chegar? Em síntese, o profissional deve ter em mente a questão relativa ao *O quê*.

### *Público*

É preciso saber quais serão os sujeitos aos quais a proposta se destina, em termos de faixa etária e número de participantes. Além disso, é necessário conhecer certas características do desenvolvimento da criança que possam interferir nas condições favoráveis, como média geral do tempo de concentração, grau de conhecimento do jogo e temas de maior interesse. Em síntese, o profissional deve ter em mente a questão relativa ao *Para quem*.

### *Materiais*

Organizar, separar e produzir previamente o material para a realização da atividade ajuda muito a manter um ritmo de trabalho sem que haja interrupções. É fundamental antecipar a quantidade necessária, considerando o número de participantes, a faixa etária e eventuais estragos, como quebrar ou amassar, o que pode exigir uma quantidade de material excedente. Em síntese, o profissional deve ter em mente a questão relativa ao *Com o quê*.

## Adaptações

De acordo com os aspectos anteriormente citados, é recomendável programar algumas adaptações e modificações em termos de simplificar e/ou apresentar situações mais desafiantes, utilizar materiais concretos ou não, realizar aplicações a temas e conteúdos. Como é o profissional quem dá o tom da atividade, ao sentir-se com domínio da estrutura do jogo, ele pode (e deve!) propor novas situações, o que enriquece seu trabalho e, com certeza, torna as atividades mais significativas para os alunos. Em síntese, deve-se ter em mente a questão relativa ao *De que modo*.

## Tempo

É preciso sempre considerar o tempo disponível em relação ao tempo necessário para a realização da proposta. Se restam apenas alguns minutos, não adianta querer apresentar um jogo novo ou mais demorado e achar que a atividade vai dar certo. Em geral, jogar toma um tempo maior do que o previsto, principalmente quando as crianças aprovam o jogo. Em síntese, o profissional deve ter em mente as questões relativas ao *Quando e quanto*.

## Espaço

Levar em consideração o local onde a atividade de jogo será desenvolvida é essencial para seu bom andamento. Se o ambiente é uma sala de aula, é importante pensar nas mesas e cadeiras para organizá-las de modo útil ao trabalho. Pode-se também jogar no espaço disponível de chão, desde que novamente se leve em conta a arrumação dos móveis, a limpeza do ambiente e a aceitação da proposta de sentar no chão (com adultos, às vezes, a resistência é bem maior). É preciso pensar na organização espacial como um todo para evitar confusões que impeçam o desenrolar da proposta. Em síntese, o profissional deve ter em mente a questão relativa ao *Onde*.

## Dinâmica

Relaciona-se com os procedimentos a serem utilizados para desenvolver o projeto de trabalho. Isso implica planejar as estratégias que irão compor o conjunto de ações de caráter funcional e aplicativo, considerando desde as instruções até a finalização da proposta. Cabe ressaltar, no entanto, que é importante haver flexibilidade para propor alterações no decorrer da atividade se algo que não foi antecipado acontecer. Quando um elemento inesperado desencadear outra dinâmica, é recomendável considerá-lo, seja evitando-o ou adotando-o. Em outras palavras, o objetivo da atividade deve estar suficientemente claro para o profissional poder aproveitar os imprevistos a favor de um bom andamento do trabalho. Em síntese, a pergunta que deve permear todo o projeto diz respeito ao *Como*.

### Papel do adulto

Dependerá do teor da proposta e do fato de ser uma situação individual ou em grupo. De acordo com as características e demandas da atividade, o profissional irá desempenhar diversos papéis ou somente um. Pode ser quem apresenta o jogo e atua como jogador, pode assistir uma partida, ser o juiz ou ficar "solto", circulando pela classe. A melhor conduta só pode ser definida por quem está atuando com o jogo. Em síntese, deve-se ter em mente a questão relativa a *Qual a função*.

### Proximidade a conteúdos

Ao escolher um jogo, pode-se pensar nos aspectos que se relacionam a conteúdos específicos ou a temas que o profissional quer valorizar com as crianças. Em síntese, deve-se ter em mente a questão relativa a *Qual o recorte*.

### Avaliação da proposta

Ao final da atividade, deve ser previsto um momento de análise crítica dos procedimentos adotados em relação aos resultados obtidos. Isso deve acontecer antes de propor a continuação do trabalho com o jogo escolhido, procurando melhorar a qualidade do que foi proposto, bem como modificar os aspectos considerados insuficientes. Em síntese, o profissional deve ter em mente a questão relativa ao *Qual o impacto produzido*.

### Continuidade

Segundo nossa concepção de trabalho, é importante estabelecer uma periodicidade que garanta a permanência do projeto de utilização de jogos. Tal atitude inaugura uma forma de trabalhar em que o jogar ocupa um espaço em continuidade. Este é um trabalho de análise constante que vai ajudando a determinar a seqüência das atividades, quais as necessidades do público e quais os objetivos futuros a serem atingidos. Em síntese, o profissional deve ter em mente as questões relativas ao *Como continuar e o que fazer depois*.

## Aspectos metodológicos

Ao propor um projeto de trabalho com jogos, não pretendemos que esse seja tomado como "receita de bolo", nem que possa ser suficiente e adequado para todos que resolvam apropriar-se dele. Nossa expectativa e proposta relacionam-se com a possibilidade de servir como referencial, algo que pode funcionar como parâmetro, pois apresenta possíveis caminhos, ilustra certas situações e leva à reflexão sobre a prática. Cada um, a seu modo e de acordo com as suas necessidades, poderá atribuir diferentes valores, designar funções, dar significados – considerando a sua realidade – ou definir em que termos poderá servir e que adaptações deverão ser feitas.

Ao ser tomado como referência, poderá contribuir para guiar o profissional em termos gerais, fornecendo uma gama de opções, permitindo-lhe a mobilidade necessária para adequar as propostas segundo seu próprio recorte. Assim sendo, defendemos a idéia de que essa forma de trabalhar pode ser adotada com qualquer jogo, tanto os já estudados, para os quais produzimos material para consulta, como outros que eventualmente estejam disponíveis e sejam considerados interessantes por quem vai utilizá-los. Em outras palavras, pode-se trabalhar com uma ampla variedade de jogos, desde que não sejam utilizados somente como fins em si mesmos, mas transformados em material de estudo e ensino (na perspectiva do profissional), bem como em aprendizagem e produção de conhecimento (na perspectiva do aluno).

Por meio de uma prática intensa com jogos, aliada a uma fundamentação teórica, no decorrer destes anos identificamos alguns aspectos relevantes para atuar segundo a concepção construtivista.

Além disso, aprendemos muito sobre as formas de analisar e de discutir as situações de jogos, visando uma reavaliação das atitudes possíveis de serem desenvolvidas. Observamos que o processo de conhecimento, cujo resultado foi uma real mudança de nível do jogador, passou fundamentalmente por quatro etapas:

a) exploração dos materiais e aprendizagem das regras;
b) prática do jogo e construção de estratégias;
c) resolução de situações-problema;
d) análise das implicações do jogar.

Essas etapas correspondem a uma forma de atuação construtivista com jogos, considerados como objeto de conhecimento. Em última instância, tais atitudes favorecem um melhor desempenho do jogador.

Em síntese, ao apresentarmos esta forma de trabalhar com jogos visamos efetivamente um projeto integrando professor ou psicopedagogo, objetivo da proposta e jogo que pretende utilizar. É somente o profissional quem sabe exatamente como o material lhe é mais útil e é ele, também, quem deverá tomar as decisões em relação ao planejamento, execução e avaliação das atividades a serem desenvolvidas. Todo esse processo possibilitou a definição dos aspectos metodológicos que atualmente norteiam nosso trabalho.

Esses – exploração dos materiais e aprendizagem das regras, prática do jogo e construção das estratégias, construção de situações-problema e análise das implicações de jogar – serão apresentados a seguir.

### *Exploração dos materiais e aprendizagem das regras*

Apresentar o material é um momento que deve ser valorizado pelo profissional, sendo possível escolher qual a hora mais adequada para fazê-lo. Pode-se privilegiar esse momento antes de jogar ou após alguma prática com o jogo, de acordo com o objetivo e os sujeitos. Insistimos neste comentário, pois há situações em que as crianças estão muito mobilizadas para jogar o jogo propriamente dito e vale a pena investir nesse interesse para depois conversar sobre os aspectos característicos do material. Essa proposta caracteriza-se por uma exploração abrangente de todos os objetos que constituem cada jogo, visando dominar sua composição e verificar alguns aspectos, tais como: se é conhecido ou não, se há jogos semelhantes e com que materiais foram feitos. Pode-se começar, por exemplo, analisando, com cuidado, o tabuleiro – quando há – e suas características, fazendo perguntas, como: "Há casas a serem ocupadas?" "Existe um caminho a percorrer?". Também é importante fazer a criança observar outros materiais, como:

a) peças – "São distintas por cores?", "Têm funções e/ou valores diferentes?", "Como se movimentam ou devem ser dispostas?", "Cada jogador tem uma?";
b) cartas – "Apresentam instruções?", "Devem ser sorteadas?", "Como são distribuídas entre os jogadores?", "Quais são as suas particularidades?";
c) matrizes – "O que as compõem: palavras, números, mapas, gráficos ou desenhos?".

Enfim, há uma série de atividades exploratórias que podem ajudar o jogador a apropriar-se dos materiais que irá utilizar no decorrer de uma partida para permitir um conhecimento em termos do que é possível constatar sobre o jogo, como se fosse uma descrição. Cumpre ressaltar que tal conhecimento não garante o domínio do jogo como um todo, pois este requer outras habilidades e um grande número de relações que devem ser estabelecidas.

Aprender as regras, por sua vez, é condição para o jogo acontecer podendo o profissional apresentá-las de várias maneiras. Por exemplo, podemos citar dois modos "bem-sucedidos" de começar o trabalho:

a) jogar uma partida na lousa e ir simultaneamente contando as regras;
b) perguntar às crianças quais as regras daquele jogo que conhecem e ir compondo o conjunto com o grupo.

Quando o jogo tem muitas regras, um procedimento bastante adequado é apresentá-las separadamente. Para tanto, jogam-se algumas partidas com apenas uma das regras e quando as crianças demonstram ter domínio sobre ela, pode-se apresentar uma segunda (que deve ser acrescentada e incorporada numa outra partida, junto à anterior), depois uma terceira e assim por diante, até que todas as regras possam ser adotadas simultaneamente.

Em resumo, é importante conhecer os materiais do jogo e promover todo o tipo de situação que possibilite seu conhecimento e a assimilação das regras. Desenvolver tal hábito contribui para o estabelecimento de atitudes que enaltecem a observação como um dos principais recursos para a aprendizagem acontecer. Esse momento do trabalho, portanto, deve ser longamente explorado, estando o adulto disponível para responder às dúvidas que surgirem. Porém, todos os aspectos que caracterizam um bom conhecimento do material e o domínio das regras são necessários para o jogo acontecer, mas não são suficientes para garantir o bom desempenho do jogador. Daí a importância da próxima etapa.

### Prática do jogo e construção de estratégias

A segunda etapa num trabalho com jogos corresponde ao jogar propriamente dito. Muitas partidas devem ser jogadas e não se deve ter pressa em esgotar esse momento. A ação de jogar, aliada a uma intervenção do profissional, "ensina" procedimentos e atitudes que devem ser mantidos ou modificados em função dos resultados obtidos no decorrer das partidas. Assim, ao jogar, o aluno é levado a exercitar suas habilidades mentais e a buscar melhores resultados para vencer. Por exemplo, quando se diz "um bom jogador precisa tirar o melhor proveito das regras", o que isso significa? Afinal, elas não são iguais para todos? Sim, as regras são idênticas para todos, em termos de apontar o objetivo do jogo, definir como devem ser movimentadas as peças e determinar o que fazer em termos de procedimentos. No entanto, não há um manual para as regras do bom jogador, isto é, competências, como ser atento, analisar as diferentes possibilidades a cada jogada e tomar decisões que favoreçam a vitória não são determinadas *a priori*, mas devem ser construídas. Se isso não passa a ser considerado também como uma regra, o jogador ficará muito subordinado à sorte – aspecto inerente a certos jogos, porém evitável em muitos casos. Para valorizar a ação do jogar sob a perspectiva da construção de estratégias, insistimos na necessidade de haver tempo e espaço com o objetivo de enaltecer tal momento. Assim, a prática do jogo faz com que muitas atitudes fundamentais e muitos procedimentos importantes sejam aprendidos e adotados em diferentes situações, sem que haja uma formalidade, um treinamento ou um exercício repetitivo.

Na perspectiva do adulto, uma observação meticulosa desse momento cria a possibilidade de obter informações sobre o conjunto de ações que caracterizam a conduta do jogador. É possível notar o quanto cada um consegue de fato utilizar (ou não) as regras a serviço de "boas" jogadas. Nesse momento, se já há um domínio da situação, vale a pena introduzir novos desafios para aumentar o grau de dificuldade. É também interessante instigar os alunos a analisar suas ações, tanto pesquisando outras formas de jogar como de buscar variações em suas estratégias. Pode-se, ainda, verificar se restam dúvidas sobre o funcionamento do jogo e esclarecê-las.

A prioridade dessa etapa metodológica é, portanto, incentivar a criança a jogar bem, valorizando principalmente o desenvolvimento de competências, como disciplina, concentração, perseverança e flexibilidade. Isto tem, como conseqüência, melhorar esquemas de ação e descobrir estratégias vencedoras. Cabe ao profissional valorizar a observação e a superação dos erros, bem como propor diferentes formas de registro para análises posteriores ao jogo.

### Construção de situações-problema

Trabalhar num contexto de situações-problema é, atualmente, uma forma de ensinar muito valorizada (Macedo, 1999; Merrieu, 1991 e Perrenoud, 1997). Em nosso laboratório, há muitos anos desenvolvemos atividades com jogos sob essa perspectiva. As situações-problema permeiam todo o trabalho na medida em que o sujeito é constantemente desafiado a observar e analisar aspectos considerados importantes pelo profissional. Existem muitas maneiras de elaborá-las: podem ser uma intervenção oral, questionamentos ou pedidos de justificativas de uma jogada que está acontecendo; uma remontagem de um momento do jogo; ou ainda, uma situação gráfica. No trabalho com os alunos, é interessante propor diferentes possibilidades de análise, sempre apresentando novos obstáculos a serem superados.

Em geral, situações-problema têm as seguintes características:

a) são elaboradas a partir de momentos significativos do próprio jogo;
b) apresentam um obstáculo, ou seja, representam alguma situação de impasse ou decisão sobre qual a melhor ação a ser realizada;
c) favorecem o domínio cada vez maior da estrutura do jogo;
d) têm como objetivo principal promover análise e questionamento sobre a ação de jogar, tornando menos relevante o fator sorte e as jogadas por ensaio-e-erro.

Em relação aos princípios metodológicos que atualmente norteiam nosso trabalho, as situações-problema têm especial relevância. Isso porque constituem uma forma diferente de trabalhar com jogos e possibilitam a investigação do pensamento infantil, num contexto de intervenção, visando transformar a relação com o conhecimento. Meirieu (1991, p.172) valoriza a pedagogia das situações-problema como uma prática que desafia os alunos a buscar respostas cuja construção resulta necessariamente numa nova aprendizagem. Em suas palavras:

(...) todo esforço da pedagogia das situações-problema (...) impõe que se tenha a certeza da existência de um problema a ser resolvido e, ao mesmo tempo, da impossibilidade de resolver o problema sem aprender.

Como resultado de nossa prática, constatamos que elaborar situações-problema, utilizando-as em sala de aula e clínica, é um excelente recurso para relacionar jogo com atividades escolares. É fundamental considerar que desenvolvimento e aprendizagem não estão nos jogos em si, mas no que é desencadeado a partir das intervenções e dos desafios propostos aos alunos. A prática com jogos, permeada por tais situações, pode resultar em importantes trocas de informações entre os participantes, contribuindo efetivamente para a aquisição de conhecimento.

### Análise das implicações do jogar

O trabalho com jogos torna-se mais produtivo se são realizadas, com os alunos, análises da experiência do jogar e suas implicações, ou seja, valoriza-se a conscientização das conquistas e sua generalização para outros contextos. É muito comum, quando há um problema ou "queixa", falar *sobre* a criança e não *com* ela. Geralmente, as conversas acontecem entre os pais, professores e diferentes profissionais, sem que ela participe. Em nossa perspectiva de intervenção por meio de jogos, o desafio é compartilhar a responsabilidade do problema e sua superação com a própria criança. Se ela não se conscientizar e mobilizar recursos próprios para as mudanças necessárias, o trabalho fica impossibilitado. Dessa forma, consideramos fundamental tematizar sobre suas experiências. Gostaríamos de destacar três exemplos.

Um deles é discutir a importância de se buscar diferentes soluções para vencer o mesmo desafio. Em muitas situações de jogos, as crianças não percebem as diversas possibilidades de resolução. Analisá-las, portanto, amplia o olhar sobre o objeto, o que dá uma nova dimensão para enfrentar situações-problema. E mais, isto não é particular da ação de jogar!

Outro exemplo é constatar a contribuição da antecipação e organização prévias de uma atividade, seja ela um jogo, uma tarefa escolar ou qualquer outra situação de vida. Essas ações favorecem a objetividade e a otimização do tempo, tão necessárias na sociedade atual, e permitem tomadas de decisões mais qualificadas.

A terceira tematização possível é enfatizar a análise das produções e dos eventuais erros como uma estratégia essencial no processo de aprendizagem, o que dá maior autonomia e, conseqüentemente, melhora o resultado final. Cumpre ressaltar que esses temas não são particulares de um jogo específico, mas ilustram alguns recortes que podem ser feitos pelo profissional de acordo com os aspectos que irá privilegiar em seu trabalho.

Em síntese, a discussão desencadeada a partir de uma situação de jogo, mediada por um profissional, vai além da experiência e possibilita a transposição das aquisições para outros contextos. Isto significa considerar que as atitudes adquiridas no contexto de jogo tendem a tornar-se propriedade do aluno, podendo ser generalizadas para outros âmbitos, em especial, para as situações de sala de aula.

## Considerações finais

Do ponto de vista piagetiano, conhecer implica existência de uma relação sujeito-objeto, considerando-se a ação como condição para o sujeito construir novas estruturas. Nesse caso específico, não se trata de qualquer ação executada, mas daquelas que têm um significado para o sujeito. Num primeiro momento, essa ação é física, concreta e visualmente constatável, envolve movimento e manipulação. Na medida em que a criança se desenvolve, passa a ser capaz de estabelecer relações, ou seja, sua ação não se reduz aos objetos em si, mas pode ser mentalmente executada. Em outras palavras, a ação não se subordina aos objetos concretos: vai além deles, porque agora a criança é capaz de pensar, levantar hipóteses, interpretar e criar. Já não é uma ação por vezes sem sentido ou desordenada, mas há intencionalidade e planejamento, pois ela busca alcançar um objetivo, coordena informações e articula diferentes pontos de vista. Em ambos os casos, portanto, trata-se de considerar a atividade do sujeito e, mais ainda, as significações por ele atribuídas às suas ações, como responsáveis pela possibilidade de adquirir conhecimento sobre a realidade. Segundo Piaget (1988, p.37):

> Conhecer um objeto é agir sobre ele e transformá-lo, aprendendo os mecanismos dessa transformação vinculados com as ações transformadoras.

Estabelecendo uma relação entre jogo e conhecimento, podemos afirmar que, se para conhecer é preciso agir, para jogar também é. O jogo, como qualquer ação, envolve regulação. Regular de algum modo as ações, mesmo que sem obedecer às regras (como se mostrou no início deste capítulo), é o convite que o jogo faz. O aspecto mais significativo dessa regulação é o jogar com regras. Daí, podemos afirmar que, como ponto de chegada, o jogo acontece de fato quando os participantes executam ações subordinadas às regras e comprometidas com o objetivo final da partida. Para nós, jogar favorece a aquisição de conhecimento, pois o sujeito aprende sobre si próprio (como age e pensa), sobre o próprio jogo (o que o caracteriza, como vencer), sobre as relações sociais relativas ao jogar (tais como competir e cooperar) e, também, sobre conteúdos (semelhantes a certos temas trabalhados no contexto escolar). Manter o espírito lúdico é essencial para o jogador entregar-se ao desafio da "caminhada" que o jogo propõe. Como conseqüência do jogar, há uma construção gradativa da competência para questionar e analisar as informações existentes. Assim, quem joga pode efetivamente desenvolver-se.

Como já foi mencionado anteriormente, qualquer jogo pode ser utilizado quando o objetivo é propor atividades que favoreçam a aquisição de conhecimento. A questão não está no material, mas no modo como ele é explorado. Pode-se dizer, portanto, que serve qualquer jogo, mas não de qualquer jeito. Para nós, jogar não é só divertimento, e ganhar não é só uma questão de sorte. Isso significa afirmar que, independentemente do jogo, a ação de jogar por nós valorizada deve estar comprometida e coordenada tanto com as ações já realizadas como com as futuras, correspondendo a um conjunto de ações intencionais e integradas no sistema como um todo. Vale lembrar que cabe ao profissional determinar qual a melhor contribuição do jogo que escolheu.

Num contexto de jogos, a participação ativa do sujeito sobre o seu saber é valorizada por pelo menos dois motivos. Um deles deve-se ao fato de oferecer uma oportunidade para as crianças estabelecerem uma relação *positiva* com a aquisição de conhecimento, pois conhecer passa a ser percebido como uma real possibilidade. Crianças com dificuldades de aprendizagem vão gradativamente modificando a imagem *negativa* (seja porque assustadora, aborrecida ou frustrante) do ato de conhecer, tendo uma experiência em que aprender é uma atividade interessante e desafiadora. Por meio de atividades com jogos, as crianças vão ganhando autoconfiança, são incentivadas a questionar e corrigir suas ações, analisar e comparar pontos de vista, organizar e cuidar dos materiais utilizados.

Outro motivo que justifica valorizar a participação do sujeito na construção do seu próprio saber é a possibilidade de desenvolver seu raciocínio. No contexto das atividades realizadas no LaPp, criam-se situações em que jogos são instrumento para exercitar e estimular um agir-pensar com lógica e critério, condições para jogar bem e para ter um bom desempenho escolar. Esses aspectos, entre outros, são exigências que o jogo impõe àqueles que querem vencer e também fazem parte das condições para aprender bem as disciplinas escolares. Em síntese, como nos lembra Macedo (1992), busca-se enfatizar e trabalhar sobre os processos de pensamento necessários ao ato de aprender, estejam eles no plano do jogo (abordagem das oficinas) ou de conteúdos (abordagem escolar).

Considerando esses dois motivos, nossas oficinas de jogos podem exercer ação *preventiva* ou *curativa* com relação às dificuldades de aprendizagem, contribuindo para a formação das crianças que enfrentam um sistema escolar exigente: grandes expectativas quanto ao resultado (desempenho em termos de notas) e compromisso com as séries posteriores. Uma vez que o perfil das escolas não foge muito disso, é imprescindível que as crianças tenham recursos internos para enfrentar e resolver desafios, adquirindo gradativa autonomia para ter iniciativa, responsabilidade e organização com as tarefas escolares. A ação preventiva das oficinas tem a função de estimular a curiosidade, o espírito de investigação e a busca de soluções: atitudes exigidas na escola e, ao mesmo tempo, valorizadas quando se joga.

Para as crianças com algum tipo de dificuldade (mau aproveitamento escolar, notas baixas, desorganização, etc.), a proposta é identificar, também no contexto de jogos, onde estão localizadas as principais defasagens para viabilizar a realização de tarefas e a compreensão dos conteúdos até então não dominados. Como consideramos os jogos *agentes promovedores* de diferentes tipos de aprendizagem, pretendemos ajudar as crianças a romper o círculo vicioso ao qual vêm se sujeitando na escola para que possam estabelecer *outra* relação com novos conteúdos, adultos e colegas que fazem parte das oficinas do LaPp.

Ser produtora de suas ações faz com que a criança construa condições internas para lidar com as diferentes situações que enfrenta no seu dia-a-dia. Observar, questionar, discutir, interpretar, solucionar e analisar são alguns exemplos de competências (Perrenoud, 1997 e Macedo, 1999) necessárias para se jogar bem. Quando a criança joga e é acompanhada por um profisssional que propõe análises de sua ação, descobre a importância da antecipação, do planejamento e de pensar antes de agir. Por sentir-se desafiada a vencer, aprende a persistir, aprimora-se e melhora seu desempenho, não mais apenas como uma solicitação externa, mas principalmente como um desejo próprio de autosuperação. Essas atitudes exercem uma grande influência no desenvolvimento geral da criança: aprende a construir e vai criando formas de investigação de suas produções ou daquilo que é produzido por seus adversários.

> O conhecimento [na perspectiva da Epistemologia Genética][1] é visto como algo a ser construído pelo sujeito, pelo aluno, no contexto de suas interações (relações) com outras pessoas ou objetos. O conhecimento não é dado *a priori*; o sujeito nasce com a possibilidade dele, mas não nasce com ele. O conhecimento é, por isso, um trabalho ou construção. Construção social, se considerarmos o conhecimento acumulado (disponível) ou produzido pelas pessoas de uma certa sociedade. Construção individual, se considerarmos que necessita ser refeito pessoa por pessoa. Ou seja, uma mãe ou professora mais dedicadas não podem aprender por seu filho ou aluno. Até tentam, mas isso é impossível. O conhecimento, neste sentido, não é diretamente transmissível. (Dorneles e Macedo, 1994, p. 5-6)

---

[1] Chaves acrescentadas por nós.

Ao jogar e discutir partidas, muitos conceitos são reavaliados, bem como diferentes aspectos do conhecimento são ampliados e aprofundados. Os jogos, então, são utilizados pelos adultos como instrumento para instigar as crianças, promovendo a observação das ações executadas e a análise de suas conseqüências, o que favorece a conscientização do que deve ser intencionalmente mantido (porque aproxima-se da vitória) ou modificado (porque é ruim para o sistema). Em termos práticos, isso é realizado num contexto de situações-problema (Meirieu, 1991 e Perrenoud, 1997), ou seja, desafios relativos à prática do jogo em que a criança é convidada a analisar suas ações ou rever fragmentos da partida previamente selecionados pelo adulto. Assim, como já mencionado, uma de suas características é ter uma relação direta ou aproximada com as situações concretamente vivenciadas durante uma partida. Essas atividades apresentam um problema que é contextualizado e tem um sentido para a criança. Provocam conflitos ou desequilíbrio cuja solução, por ser encontrada pela própria criança, indica as características do seu nível de desempenho e, ao mesmo tempo, servem como referência para definir qualitativamente como será a continuidade da intervenção. Segundo Vinh Bang (1990, p.14):

> (...) criando situações-problema recorrer-se-á a um material concreto que servirá de suporte para as manipulações efetivas ou mentais. É igualmente um testemunho cuja presença autoriza a leitura de observáveis, sejam relativos aos objetos ou às ações próprias do sujeito. Esse material será flexível, permitindo a presença de contradições e perturbações que se opõem às acomodações ou que resistem à assimilação. Ele deve permitir dosar a complexidade da solução, garantindo a atenção do aluno, mas permitindo que ele ultrapasse o obstáculo e atinja novas construções.

Pelas características já apresentadas, poder-se-á dizer que o trabalho desenvolvido no LaPp prioriza o *processo* em oposição ao resultado, o que implica respeitar as diferenças individuais e considerar como ponto de partida exclusivamente as aquisições já assimiladas pela criança. Portanto, a idade e a série são apenas referências, mas não tomamos isso como padrão em termos de expectativas: procuramos identificar e valorizar todos os progressos da criança comparando-a consigo mesma.

Em geral, a criança não consegue perceber espontaneamente as mudanças que estão acontecendo, nem é capaz de estabelecer relação entre o que faz nas oficinas e o que produz na escola. No contexto das oficinas, oferecemos condições para que isso aconteça, na medida em que mostramos as muitas semelhanças existentes entre as competências dominadas para jogar e as atividades escolares. De tudo que acontece, o mais importante é descobrir que tanto nas oficinas como na escola, pensar é uma atividade constante, que pode e deve ser prazerosa. Na medida em que a criança toma consciência disso, seu autoconceito vai se modificando: pode perceber que não está reduzida somente ao que não sabe e mais, aprende que ela é produtora de seu próprio conhecimento. O trecho de Ferreiro e Teberosky (1984, p.32), que transcrevemos a seguir, corrobora esse aspecto:

> Em termos práticos, não se trata de continuamente introduzir o sujeito em situações conflitivas dificilmente suportáveis, e sim de tratar de detectar quais são os momentos cruciais nos quais o sujeito é sensível às perturbações e às suas próprias contradições, para ajudá-lo a avançar no sentido de uma nova reestruturação.

Em síntese, cabe ressaltar dois pontos. Em primeiro lugar, o que denominamos "ações executadas pelo sujeito" é muito mais amplo do que um simples movimento, pois levamos em consideração aquelas que expressam um conjunto de atividades significativas, coordenadas e intencionais, produzidas por um sujeito responsável pelo que faz, ou seja, a ação a que nos referimos neste texto não está restrita somente a um fazer sem perceber.

Um segundo ponto a ser destacado diz respeito ao trabalho com jogos propriamente dito. As aquisições relativas a novos conhecimentos e conteúdos escolares não estão nos jogos em si, mas dependem das intervenções realizadas pelo profissional que conduz e coordena as atividades. Assim, ao considerarmos os jogos como um valioso instrumento psicopedagógico, propomos um modo específico de atuação e utilização do material, bem diferente de determinadas situações em que jogos são oferecidos às crianças num contexto sem observador e sem análises sobre o que está acontecendo. Em outras palavras, defendemos a idéia de que jogar favorece e enriquece o processo de aprendizagem, na medida em que o sujeito é levado a refletir, fazer previsões e inter-relacionar objetos e eventos, bem como contribui para fornecer informações a respeito do pensamento infantil, o que é fundamental para o profissional que pretende auxiliar na superação das eventuais dificuldades.

Concluindo, no contexto das oficinas buscamos criar condições para que todas as crianças possam descobrir ou redescobrir que é possível aprender e conhecer, e, para a surpresa de muitas, mesmo as atividades mais formais podem dar prazer, despertar interesse e prender a atenção. Afinal, a longa jornada que é a vida escolar não precisa ser sempre sinônimo de fracasso, medo e frustração.

## CAPÍTULO 1

# Repensando a Educação em uma Perspectiva Piagetiana

## Repensando a educação em uma perspectiva piagetiana[*]

Muitas vezes pensamos que a melhor forma de contribuir para analisar e transformar o processo de ensino e aprendizagem seria descobrir uma fórmula que acabasse com o desinteresse, a falta de concentração, a indisciplina e as dificuldades de aprendizagem, temas constantemente citados, e motivo de preocupação dos educadores. No entanto, o que tem sido mais significativo, nestes últimos anos, não é encontrar fórmulas precisas – porque não existem – nem ficar defendendo projetos com mudanças radicais, geralmente de difícil concretização.

      Então, a questão é: O que fazer? Desistir da tarefa de educar? É claro que não! A idéia é valorizar o que é possível fazer, o que está ao nosso alcance, e isso nos dá melhores condições para descobrir pistas que ajudem a modificar a atuação pedagógica considerando o nosso sistema de ensino, independentemente das críticas a ele destinadas. Podemos tratar de aspectos na aparência triviais e pequenos, mas, com força de mudança, podemos encontrar formas de agir com nossos próprios meios, sem atribuir somente a fatores externos e distantes a possibilidade de garantir o cumprimento do principal objetivo da educação, cuja linha mestra é fazer o aluno conhecer, crescer e desenvolver-se. Em outras palavras, se é difícil modificar o todo, há muito o que fazer em cada parte: o desafio é atuar com criatividade e responsabilidade, saindo do discurso queixoso e paralisado, descobrindo formas mais interessantes de lidar com a realidade. Se não há variedade de material, vamos inventar diferentes situações com lápis e papel ou lousa e giz como recursos; se o currículo é predeterminado, vamos buscar caminhos que desafiem os alunos a vivenciar situações que tratem de conteúdos essenciais à aprendizagem. Esses, em geral, têm efeito multiplicador, o que poderá garantir autonomia de pensamento e fornecer condições suficientes para o aluno interpretar um texto ou fazer uma conta: se um dia ele aprendeu a aprender, esta atitude torna-se uma "propriedade" que ninguém mais pode tirar dele, tem efeito irreversível.

---

[*] Com a colaboração de Maria Thereza Costa Coelho de Souza.

Assim, a escola não precisa necessariamente ter como objetivo oferecer um grande número de informações, apenas no sentido cumulativo, não só porque é preciso contar com uma excelente memória para retê-las (e poucos a tem), mas, principalmente, porque o computador e os livros cumprem esse papel de garantir o acesso e a atualização das informações que faltam, sempre que necessário. Isto posto, tem-se que as tarefas escolares, por meio do professor, poderiam voltar-se em maior proporção para aspectos relativos a valorizar a curiosidade e a pesquisa, desencadear soluções de problemas e ampliar a capacidade de concentração, o que, certamente, torna o ambiente de sala de aula favorável à aprendizagem qualquer que seja o conteúdo trabalhado. Em síntese, esses aspectos, uma vez garantidos, implicam abertura para uma nova relação com os conteúdos escolares mais específicos. Essa base torna o aluno disponível à aprendizagem e trabalhar desconsiderando sua importância é iludir-se com a idéia de missão cumprida.

Este texto foi elaborado com o objetivo de fundamentar as idéias anteriormente apresentadas na perspectiva piagetiana, com base no livro *Para onde vai a educação* (Piaget, 1988), e discute também certos temas que atualmente analisamos em nossa prática com professores e profissionais da área de educação. No livro citado, Piaget trata de aspectos importantes da pedagogia, principalmente no que diz respeito ao seu objetivo e à atuação pedagógica, retomando temas referentes ao direito à educação na forma como são propostos na Declaração Universal dos Direitos do Homem. Nessa obra, o autor discute e analisa a situação da época, fazendo críticas e apresentando sugestões para viabilizar a prática desses direitos. É interessante observar que sua concepção sobre educação é bastante atual e suas críticas ao sistema educacional continuam pertinentes. Resumidamente, podemos dizer que a concepção piagetiana de educação considera o desenvolvimento como sendo um processo contínuo, que depende da ação do sujeito e de sua interação com os objetos. Se a educação tem como objetivo principal promover esse desenvolvimento, também deve ser entendida como um processo, cujo aspecto central é valorizar e favorecer o crescimento do sujeito por seus próprios meios, oferecendo condições para que isso aconteça. No que se refere às críticas ao sistema educacional, podemos destacar pelo menos dois tópicos. Num deles, Piaget propõe uma revisão dos métodos e atitudes pedagógicas, ressaltando a importância de se investir na formação do profissional como condição para uma mudança mais profunda e verdadeira. No outro, sugere a modificação do valor atribuído à avaliação, priorizando o caráter qualitativo em detrimento do quantitativo.

Tendo em vista o tema deste texto, agrupamos trechos da referida obra piagetiana, que serão discutidos sob a forma de temas relacionados à prática pedagógica.

## Sobre o fracasso escolar

Piaget reforça a necessidade de troca e comunicação constantes entre os professores de diferentes disciplinas. A criança é uma unidade e, portanto, se ela aprende línguas ou história, não tem porque ir mal em matemática, por exemplo. Esse fato, tão comum nas escolas e que parece não causar estranheza aos professores, deveria ocupar um lugar importante na avaliação do desempenho da criança. Para Piaget, a interdisciplinaridade é fundamental: se os professores e as disciplinas "conversassem" mais entre si, talvez fosse possível entender melhor o processo de aprendizagem de cada aluno. Não há criança desinteressada e sem curiosidade o tempo todo. Ocorre que há crianças desinteressadas tanto pelas matérias ou como pelas propostas escolares. Se isso acontece com tanta freqüência nas nossas escolas, devemos nos questionar sobre o que está por trás, buscando verificar se o fato de os ensinamentos serem tratados isoladamente também não seria um dos sintomas que causam tantos problemas como a pouca atenção por parte do aluno, que possa interferir em seu rendimento. A proposta de Piaget (e a nossa também!) é adotar uma metodologia de ensino que considere o aluno como um ser que pensa e pode aprender qualquer matéria desde que o conteúdo trabalhado tenha algum significado ou possa remetê-lo a algo já conhecido.

Vejamos, então, alguns trechos do livro mencionado, nos quais o autor fornece pistas sobre como se dá o fracasso escolar e o que se pode fazer para encontrar soluções.

> Nossa hipótese é, portanto, a de que as supostas aptidões diferenciadas dos "bons alunos" em Matemática ou Física, etc., em igual nível de inteligência, consistem principalmente na sua capacidade de adaptação ao tipo de ensino que lhes é fornecido; os "maus alunos" nessas matérias, que entretanto são bem-sucedidos em outras, estão, na realidade, perfeitamente aptos a dominar os assuntos que parecem não compreender, contanto que esses lhes cheguem através de outros caminhos: são as "lições" oferecidas que lhes escapam à compreensão, e não a matéria (p.14).

> ... o insucesso escolar em tal ou tal ponto decorre de uma passagem demasiado rápida da estrutura qualitativa dos problemas (por simples raciocínios lógicos, mas sem a introdução imediata das relações numéricas e das leis métricas) para a esquematização quantitativa ou matemática (no sentido das equações já elaboradas) usada habitualmente pelo físico (p.14).

> (...) a escola fica com boa parte da responsabilidade no que diz respeito ao sucesso final ou ao fracasso do indivíduo, na realização de suas próprias possibilidades e em sua adaptação à vida social (p.35).

(...) os alunos reputados fracos em Matemática assumem uma atitude totalmente diferente quando o problema emana de uma situação concreta e tem a ver com outros interesses: a criança é bem-sucedida, então, em função de sua inteligência pessoal, como se se tratasse de uma questão apenas de inteligência (p.56).

A verdadeira causa dos fracassos da educação formal decorre, pois, essencialmente do fato de se principiar pela linguagem (...) ao invés de fazê-lo pela ação real e material (p.59).

Como pudemos constatar, quando Piaget apresenta críticas sobre o trabalho desenvolvido em sala de aula, não propõe necessariamente uma mudança na utilização dos materiais ou dos espaços existentes. Aponta para a importância de que sejam repensados as atitudes e a forma de lidar com os conteúdos e também de conhecer melhor as características do desenvolvimento para que se possa propor situações de aprendizagem e apresentar conteúdos possíveis de serem compreendidos em extensão e profundidade. A questão é colocar o aluno como centro do processo, e não atuar somente na valorização do conteúdo. Se isso puder ser conquistado, pensamos que muitos poderão ser beneficiados num curto período de tempo.

## Sobre a metodologia

No que diz respeito a esse tema, poderemos conhecer mais de perto a proposta pedagógica de Piaget observando seu posicionamento diante do que significa favorecer a aprendizagem. Em síntese, ele propõe três formas de atuação pedagógica: método ativo, trabalho por equipes e autogoverno. Seguem seus principais pensamentos sobre cada um deles.

(...) recurso aos métodos ativos, conferindo especial relevo à pesquisa espontânea da criança ou do adolescente e exigindo-se que toda verdade a ser adquirida seja reinventada pelo aluno, ou pelo menos reconstruída e não simplesmente transmitida ( p.15).

(...) falar à criança na sua linguagem antes de lhe impor uma outra já pronta e por demais abstrata e, sobretudo, levar a criança a reinventar aquilo de que é capaz, ao invés de se limitar a ouvir e repetir (p.16).

(...) uma experiência que não seja realizada pela própria pessoa, com plena liberdade de iniciativa, deixa de ser, por definição, uma experiência, transformando-se em simples adestramento, destituído de valor formador por falta de compreensão suficiente dos pormenores das etapas sucessivas (p.17).

Em resumo, o princípio fundamental dos métodos ativos (...) assim pode ser expresso: compreender é inventar, ou reconstruir através da reinvenção, e será preciso curvar-se ante tais necessidades se o que se pretende, para o futuro, é moldar indivíduos capazes de produzir ou de criar, e não apenas de repetir (p.17).

Verifica-se assim que os exercícios de observação poderiam ser de grande utilidade, feita a escolha dos observáveis a descrever-nos mais cotidianos e elementares terrenos da causalidade, e solicitando-se descrições de diversos tipos: por uma reprodução mímica da ação (o que é mais fácil), pela linguagem, por desenhos com a ajuda do adulto, etc. (p.20).

(...) ponto central (...): o aspecto cada vez mais interdisciplinar que assume necessariamente a pesquisa em todos os domínios. Ora, mesmo atualmente os futuros pesquisadores continuam sendo muito mal preparados nesse particular devido a ensinamentos que visam à especialização e resultam, com efeito, na fragmentação, por não se compreender que todo aprofundamento especializado leva, pelo contrário, ao encontro de múltiplas interconexões (p.20-21).

Unicamente na medida em que os métodos de ensino sejam "ativos" – isto é, confiram uma participação cada vez maior às iniciativas e aos esforços espontâneos do aluno – os resultados serão significativos (p.47).

(...) tal método só poderá alcançar seu pleno rendimento mediante uma estreita união entre a análise pedagógica e a análise psicológica (...) (p.47).

(...) todo aluno normal é capaz de um bom raciocínio matemático desde que se apele para a sua atividade e se consiga, assim, remover as inibições afetivas que lhe conferem com bastante freqüência um sentimento de inferioridade nas aulas que versam sobre essa matéria (p.57).

A atividade da inteligência requer não somente contínuos estímulos recíprocos, mas ainda, e sobretudo, o controle mútuo e o exercício do espírito crítico, os únicos que conduzem o indivíduo à objetividade e à necessidade de demonstração. As operações da lógica são, com efeito, sempre cooperações, e implicam um conjunto de relações de reciprocidade intelectual e de cooperação ao mesmo tempo moral e racional (p.62).

A escola ativa pressupõe (...) uma comunidade de trabalho, com alternâncias entre o trabalho individual e o trabalho de grupo, porque a vida coletiva revelou-se indispensável ao desenvolvimento da personalidade, mesmo sob seus aspectos mais intelectuais (...) "Trabalho de equipe" (...) (p.62).

... nem a autoridade do professor e nem as melhores lições que ele possa dar sobre um assunto serão o bastante para determinar essas relações intensas, fundamentadas ao mesmo tempo na autonomia e na reciprocidade. Unicamente a vida social entre os próprios alunos, isto é, um autogoverno (...) poderá conduzir a esse duplo desenvolvimento de personalidades donas de si mesmas e de seu respeito mútuo (p.63).

Se (...) uma lição deve ser uma resposta, é com efeito de extrema necessidade (...) que essa resposta tenha sido precedida de perguntas espontâneas, em função precisamente dessa atividade e dessas atitudes (p.73).

Em termos do método ativo, vimos que sua principal característica é a ação significativa, ou seja, não é a ação em si, mas a ação que faz sentido para o sujeito. Para Piaget, toda ação implica atividade física ou mental, o que supõe compromisso com a tarefa, envolvimento, perseverança em face das dificuldades, sem perder de vista o objetivo e os meios disponíveis para a realização do trabalho. O método ativo também favorece o desenvolvimento tanto da atenção como da concentração, pois o indivíduo deve responder simultaneamente às exigências da tarefa, o que contribui para a construção de uma organização interior.

A nosso ver, os aspectos referidos podem ser trabalhados em sala de aula desde que o professor valorize a ação dos alunos, abrindo espaço para exercitarem suas habilidades mentais por meio de questionamentos, pesquisas, criação e verificação de hipóteses, enfim, que possam pensar em vez de receberem todas as informações prontas, e, dessa forma, participarem ativamente do processo de conhecimento.

O trabalho por equipes supõe necessariamente a cooperação entre o todo e as partes, exigindo um "compromisso" constante de cada um dos elementos. Porém, trabalhar em equipe não é apenas propor situações grupais. A idéia de Piaget sobre esse tema é mais ampla porque considera as relações sociais como importante aspecto do contexto escolar. Nesses termos, cada um é responsável por si e pelo grupo ao mesmo tempo, ou seja, trabalhar em grupo significa aprender as conseqüências disso, o que implica respeito mútuo, troca de idéias e consideração pelo outro. Assim, descobre-se gradativamente qual o significado e extensão dos termos "reciprocidade" e "cidadania", bem como se compreende as vantagens de fazer parte de um sistema que preza esse tipo de relação interindividual. A convivência entre iguais é essencial para o desenvolvimento do indivíduo e, portanto, trabalhar em grupo é indispensável no processo de formação da criança.

Por fim, o conceito de autogoverno precisa ser bem-definido para não se correr o risco de ser mal interpretado. Para Piaget, ter autonomia significa poder tomar decisões, responsabilizando-se por elas, assumindo aquilo que não pode ser compartilhado, mas, simultaneamente, levando em conta o outro. Isso não significa que o professor deve alhear-se do processo, deixando as decisões para os alunos. Ao contrário, tem uma grande responsabilidade, pois é ele quem conhece o objetivo a ser alcançado, e pode oferecer condições para o aluno descobrir seu papel na sociedade e no seu processo educativo.

## Sobre o desenvolvimento infantil

As citações aqui selecionadas servem de alerta para algo já mencionado como parte fundamental do processo de ensino e aprendizagem. Conhecer as principais características do desenvolvimento da criança com a qual se trabalha é condição para planejar uma aula adequada, o que pode garantir um bom desempenho do aluno. Dessa forma, é possível propor atividades que ele tenha condições de resolver ou, pelo menos, que seja criado algum tipo de perturbação para o pensamento.

> Para chegar – através da combinação entre o raciocínio dedutivo e os dados da experiência – à compreensão de certos fenômenos elementares, a criança necessita passar por certo número de fases caracterizadas por idéias que adiante irá considerar erradas, mas que parecem necessárias para o encaminhamento às soluções finais corretas. (...) acreditamos que só poderá haver vantagens em respeitar as etapas (com a condição, é claro, de conhecê-las o bastante para avaliar sua utilidade) (p.18).

> Conquistar por si mesmo um certo saber, com a realização de pesquisas livres, e por meio de um esforço espontâneo, levará a retê-lo muito mais; isso possibilitará sobretudo ao aluno a aquisição de um método que lhe será útil por toda a vida e aumentará permanentemente sua curiosidade, sem o risco de estancá-la; quando mais não seja, em vez de deixar que a memória prevaleça sobre o raciocínio, ou submeter a inteligência a exercícios impostos de fora, aprenderá ele a fazer por si mesmo funcionar sua razão e construirá livremente suas próprias noções (p.54).

> Há, pois, que ser realizado todo um ajustamento dos métodos didáticos aos dados psicológicos do desenvolvimento real, e pode-se aguardar, sob esse ponto de vista, uma considerável intensificação dos apelos à atividade autônoma da criança (p.59).

> (...) da mesma forma que o aluno pode recitar a sua lição sem que a compreenda, e substituir a atividade racional pelo verbalismo, assim também a criança obediente é, por vezes, um espírito submetido a um conformismo exterior, mas que não percebe "de fato" nem o alcance real das regras às quais obedece, nem a possibilidade de adaptá-las ou de construir novas regras em circunstâncias diferentes (p.68).

Nas citações apresentadas, Piaget nos lembra o quanto é importante trabalhar com a criança no sentido de fazê-la encontrar suas próprias respostas e construir soluções para os problemas enfrentados. Aprender a pensar é uma conquista fundamental, pois possibilita à criança refazer um caminho anteriormente percorrido, valorizando mais sua capacidade de compreensão e reconstrução do que a memória, que muitas vezes pode falhar.

Deve-se ressaltar aqui outro aspecto relacionado à idéia de se respeitar as etapas do desenvolvimento. Para Piaget, o "erro" caracteriza-se como uma parte do processo de aprendizagem da criança e representa uma forma de pensar de determinado nível. Esse nos dá muitas informações e, por isso, não deve ser eliminado como algo "ruim". Analisar erros dá ao professor mais elementos para poder intervir sobre o pensamento da criança, no sentido de propor contra-argumentos que façam com que ela reveja hipóteses tidas como verdadeiras até então e possa, gradativamente, ir chegando às respostas "certas". Às vezes, até mesmo por bons motivos, somos levados a fornecer uma resposta ou solucionar um problema sem que o aluno acompanhe o raciocínio ou compreenda o processo. Para aquele momento específico – e isto deve estar claro para o adulto – a tarefa está cumprida. No entanto, se a idéia é considerar a amplitude e a possibilidade de generalização dos conceitos trabalhados, verifica-se que o que não é assimilado verdadeiramente não tem aplicação em outros contextos, ou seja, não tem valor de aquisição de conhecimento.

### Sobre o papel do professor e sua formação

Este tema é fundamental. Piaget reforça constantemente a importância do professor no trabalho em sala de aula, mas propõe algumas reavaliações em termos de suas atitudes. Em outras palavras, o professor teria a função de estimular o aluno a pensar e propor situações-problema, proporcionando mais espaço para o descobrimento e construção de suas idéias sobre o mundo em vez de fornecer informações "prontas". Como ele já domina a disciplina, pode (e deve!) ajudar a encaminhar discussões, estabelecer relações mais amplas e interdisciplinares, desafiar o aluno, discutir sobre a relatividade de constatações ainda muito absolutas, enfim, deve propor situações cuja ação e participação de ambos – aluno e professor – seja interdependente e recíproca.

(...) o educador continua indispensável (...), para criar as situações e armar os dispositivos iniciais capazes de suscitar problemas úteis à criança, e para organizar, em seguida, contra-exemplos que levem à reflexão e obriguem ao controle das soluções demasiado apressadas (...) (p.15).

(...) o que se deseja é que o professor deixe de ser apenas um conferencista e que estimule a pesquisa e o esforço, ao invés de se contentar com a transmissão de soluções já prontas (p.15).

(...) seria absurdo imaginar que, sem uma orientação voltada para a tomada de consciência nas questões centrais, pudesse a criança chegar apenas por si a elaborá-las (a Matemática, por exemplo) com clareza. No sentido inverso, entretanto, ainda é preciso que o mestre-animador não se limite ao conhecimento de sua ciência, mas esteja muito bem informado a respeito das peculiaridades do desenvolvimento psicológico da inteligência da criança ou do adolescente (p.15).

Do ponto de vista pedagógico, é evidente que a educação deverá orientar-se para uma redução geral das barreiras ou para a abertura de múltiplas portas laterais a fim de possibilitar aos alunos a livre transferência de uma seção para outra, com possibilidade de escolha para múltiplas combinações. Mas também será necessário, neste caso, que o espírito dos mestres se torne cada vez menos bitolado, sendo às vezes mais difícil obter do mestre essa descentralização que do cérebro dos estudantes (p.23).

(...) a preparação dos professores, (...) constitui realmente a questão primordial de todas as reformas pedagógicas em perspectiva, pois, enquanto ela não for resolvida de forma satisfatória, será totalmente inútil organizar belos programas ou construir belas teorias a respeito do que deveria ser realizado (p.25).

(...) nada é mais difícil para os adultos do que saber apelar para a atividade real e espontânea da criança ou do adolescente; no entanto, somente essa atividade, orientada e incessantemente estimulada pelo professor, mas permanecendo livre nas experiências, tentativas e até erros, pode conduzir à autonomia intelectual (p.60).

Existem castigos degradantes para aquele que os determina e cuja essência mesma é sentida pela criança como totalmente injusta antes que ela se habitue a confundir os usos e os estados de fato com as regras moralmente válidas. Existe, ao contrário, uma maneira de infundir confiança ao invés de castigar, recorrendo à reciprocidade mais que à autoridade, que favorece mais que qualquer imposição ou qualquer disciplina exterior, o desenvolvimento da personalidade moral (p. 71).

Piaget considera a atuação do professor como indispensável, na medida em que deve ter um papel ativo no processo de aquisição de conhecimento de seus alunos, ajudando-os a construir e organizar suas idéias, ampliando-lhes o olhar sempre que possível, estimulando a pesquisa e a ação intencional. O papel do professor é fundamental em sala de aula. É preciso lembrar que tem influência decisiva sobre o desenvolvimento do aluno e suas atitudes vão interferir fortemente na relação que ele irá estabelecer com o conhecimento. O professor é quem dá o "tom" do desafio proposto, ele deve ser o líder da situação, saber gerenciar o que acontece, tornando o meio o mais favorável possível, desencadeando reflexões e descobertas.

Outro aspecto a ser ressaltado é a formação do professor. Fica muito nítido que a proposta de Piaget implica ter como docentes profissionais preparados, atuando com pleno domínio dos conteúdos a serem trabalhados em sala de aula e conscientes de seu papel vital no processo educativo. Além disso, o autor salienta novamente a importância de o profissional conhecer as características do desenvolvimento dos alunos como referência do que se pode esperar e onde é possível chegar (em termos ideais). É preciso que ele os observe em muitas perspectivas e possa entrar em sintonia com sua classe, estimulando o respeito mútuo. Essa relação de proximidade com o aluno promove a construção de uma confiança recíproca e favorece a conquista de sua autonomia, contribuindo de modo significativo para a sua formação moral. Se assim ocorrer, certamente poderá exercer sua autoridade, sem, necessariamente, atuar de modo autoritário. Em outras palavras, um professor que estabelece esse tipo de vínculo tem mais condição de desempenhar bem seu papel, tendo o reconhecimento desse pelos alunos, servindo como modelo, sem precisar impor arbitrariamente as diretrizes e as formas de conduta em sala de aula.

## Sobre o conceito de educação

As citações selecionadas para este tema enfatizam a responsabilidade da sociedade pela educação, especialmente o papel da escola na formação do indivíduo.

(...) se a própria lógica se constrói, ao invés de ser inata, chega-se à conclusão de que a primeira tarefa da educação consiste em formar o raciocínio (p.32).

A educação é, por conseguinte, não apenas uma formação, mas uma condição formadora necessária ao próprio desenvolvimento natural (p.33).

(...) o indivíduo não poderia adquirir suas estruturas mentais mais essenciais sem uma contribuição exterior (...) o fator social ou educativo constitui uma condição do desenvolvimento (p.33).

Afirmar o direito da pessoa humana à educação é, pois, assumir uma responsabilidade muito mais pesada que assegurar a cada um a possibilidade da leitura, da escrita e do cálculo; significa, a rigor, garantir para toda criança o pleno desenvolvimento de suas funções mentais e a aquisição dos conhecimentos, bem como dos valores morais que correspondam ao exercício dessas funções, até a adaptação à vida social atual (p.34).

O direito à educação (...) não é apenas freqüentar escolas: é também, na medida em que a educação vise ao pleno desenvolvimento da personalidade, o direito de encontrar nessas escolas tudo aquilo que seja necessário à construção de um raciocínio pronto e de uma consciência moral desperta (p.53).

O objetivo da educação intelectual não é saber repetir ou conservar verdades acabadas, pois uma verdade que é reproduzida não passa de uma semiverdade; é aprender por si próprio a conquista do verdadeiro, correndo o risco de despender tempo nisso e de passar por todos os rodeios que uma atividade real pressupõe (p.61).

O alcance educativo do respeito mútuo e dos métodos baseados na organização espontânea das crianças entre si é, precisamente, o de possibilitar-lhes que elaborem uma disciplina cuja necessidade é descoberta na própria ação, ao invés de ser inteiramente pronta antes que possa ser compreendida (p.69).

As citações falam por si próprias, apontando a importância da ação pedagógica, mostrando-nos mais uma vez o valor da prática como complemento fundamental da teoria.

## Sobre diagnóstico e avaliação

A avaliação é um problema constante tanto para os alunos como também para o professor. Ela ocupa um grande espaço na vida escolar e, muitas vezes, torna-se um fim em si mesma, geralmente não correspondendo com precisão ao que o aluno sabe. Além disso, acaba por comprometer a confiança em relação ao adulto e à possibilidade de adquirir conhecimento.

Dessa forma, cabe ao professor estabelecer qual o objetivo e o que pretende "medir" com a avaliação que elaborou. Tudo que se faz nesse âmbito deve ser considerado com excessiva cautela, com muito rigor e com o máximo de relativização e contextualização. Negligenciar certos cuidados pode trazer muitas conseqüências negativas, comprometendo todo o futuro daquele que se submeteu ao teste, não só em termos escolares. Assim, consideramos vital definir claramente os objetivos e, principalmente, os limites de tal aplicação.

Para nós, avaliar e definir as formas de atuação em termos escolares têm uma proximidade com os conceitos de diagnóstico e intervenção. Esses devem desenvolver-se sempre de forma paralela. O diagnóstico e a avaliação não são momentos fechados, mas sim, um constante observar e, por esse motivo, preferimos chamá-los de processo diagnóstico ou avaliativo. Nesses, são levantadas hipóteses a serem checadas ao longo do trabalho, que já vai acontecendo, com as devidas intervenções e propostas de atividades. À medida que as hipóteses vão sendo confirmadas ou não, o ciclo de investigação e intervenção se completa, permitindo a elaboração de novas hipóteses. Dito de outra maneira, as hipóteses diagnósticas vão sendo constantemente atualizadas dentro do processo interventivo que se dá junto à criança.

Tudo já foi dito a respeito do valor dos exames escolares, e, no entanto, essa verdadeira praga da educação em todos os níveis continua a viciar – as palavras não chegam a ter a violência necessária – o relacionamento normal entre professor e aluno, comprometendo em ambos a alegria do trabalho e, freqüentemente, a confiança recíproca. As duas falhas essenciais do exame consistem, na realidade, no fato de que, em geral, ele não possibilita resultados objetivos e acaba se transformando fatalmente em um fim em si mesmo (...) (p.45).

O exame escolar não é objetivo, antes de mais nada porque implica sempre certo contingente de sorte; além disso, e sobretudo, porque está mais voltado para a memória que para as capacidades construtivas do aluno (como se esse último estivesse condenado a nunca mais se utilizar de seus livros após deixar a escola!): também, todo mundo pode verificar quão pouco corresponde a classificação resultante dos exames ao posterior rendimento dos indivíduos pela vida afora (p.45).

O exame escolar torna-se um fim em si mesmo porque passa a ser o centro das preocupações do professor, ao invés de favorecer a sua vocação natural para despertar consciências e inteligências; ele orienta todo o trabalho do aluno para o resultado artificial que é o bom êxito nas provas finais, ao invés de apelar para as suas reais atividades e sua personalidade (p.45).

(...) métodos psicológicos de exame (...) Não são perfeitos e, como todos os métodos científicos, são objeto de revisões e de transformações contínuas. Aliás, não substituem de forma nenhuma a análise dos resultados efetivos obtidos pelo aluno em processo de escolaridade (p.46).

(...) o método mais seguro para diagnóstico e prognóstico é, sem dúvida, aquele que se baseia na observação dos alunos e de seu trabalho real. Trata-se, porém, de um método delicado, que presume (...) uma colaboração constante entre os professores, responsáveis pelo ensino, e os psicólogos escolares, cuja tarefa consiste em acompanhar os alunos individualmente em seus sucessos e seus fracassos (p.47).

A última citação de Piaget neste tema apresenta uma proposta de avaliação baseada na observação direta e constante do aluno, o que, sem dúvida, é muito eficaz. No entanto, sabemos que provas escolares e testes psicológicos também complementam as informações, muitas vezes esclarecendo dúvidas sobre a criança, ampliando as possibilidades de análise de uma determinada situação. Em síntese, propomos que as situações de avaliação e diagnóstico sejam diversificadas, para não ficarmos reduzidos e subordinados a um único recurso. Um trabalho eficiente nessa área exige a colaboração permanente dos profissionais que atuam junto à criança, possibilitando, por meio da troca de informações, um maior entendimento sobre cada caso.

## Sobre os pais

A prática tem nos mostrado que a crítica aos pais tende a ser ineficaz em termos do trabalho pedagógico ou psicopedagógico com seus filhos. Nossa proposta é conhecê-los para melhor compreender as crianças, procurando transformar as informações trazidas por eles em possibilidades de atuação. É importante ter os pais como aliados durante todo o processo, conquistando sua confiança e paciência em relação ao trabalho e também procurando mostrar-lhes alternativas para modificar as relações com as crianças. Um aspecto que contribui para o envolvimento da família no processo de aprendizagem é a apresentação da proposta de trabalho, para que cada vez mais participem do processo de transformação de seus filhos. Eles podem não conhecer novas formas de ensino, nem compreender seu valor e, por isso, podemos convidá-los a acompanhar e participar das eventuais mudanças que estão acontecendo, atuando em dois níveis: informação sobre questões pedagógicas e apresentação de resultados. A família, tal qual a criança, também precisa de compreensão e apoio. Respeito e atenção às suas queixas são passos a serem dados para se conseguir esta parceria.

> A maioria dos praticantes da educação nova passou pela mesma experiência: são os pais que constituem freqüentemente o principal obstáculo à aplicação dos métodos ativos. (...) dois motivos: (...) se se tem confiança nos métodos conhecidos, em uso desde longa data, experimenta-se uma certa inquietação ante a idéia de que os próprios filhos possam servir de objetos de experiência (...) O segundo (...) consiste em que seus filhos não estejam "atra-sados" (...) (p.49).
>
> A escola, na realidade, tem tudo a ganhar, ao tomar conhecimento das reações dos pais e estes experimentam um proveito cada vez maior ao serem iniciados, por sua vez, nos problemas da escola. (...) Ao aproximar a escola da vida ou das preocupações profissionais dos pais, e ao proporcionar, reciprocamente, aos pais um interesse pelas coisas da escola, chega-se até mesmo a uma divisão das responsabilidades (...) (p.50).

A criança pertence à família. Portanto, intervir junto a ela significa modificar em parte essa estrutura. Os aspectos que caracterizam uma determinada dificuldade geralmente recaem sobre a criança, mas o problema não é só dela. Todos precisam estar mobilizados para as mudanças, e, por isso, obter a cooperação familiar é bastante enriquecedor e primordial para o nosso trabalho.

# CAPÍTULO 2

# Quilles e Sjoelbak

## QUILLES

### Um pouco da história

O jogo Quilles* é considerado o precursor do boliche. Segundo consta no *Dicionário de jogos* (1973), parece ter surgido entre os antigos egípcios, que praticavam uma forma de jogo semelhante. Nessa, o jogador deveria iniciar a partida arremessando uma estaca no chão. A terra era previamente preparada e umedecida para facilitar a perfuração. O adversário deveria, também, arremessar uma outra estaca, visando substituir aquelas anteriormente lançadas. Entre os celtas, as estacas eram inicialmente fincadas no chão e o objetivo era derrubá-las com um bastão.

No século XII, seu sucesso foi tanto que levou as autoridades francesas, preocupadas com a ausência de funcionários no período de trabalho, a imporem normas e horários para regulamentá-lo.

Dois séculos depois, jogava-se uma nova versão, principalmente na França e na Inglaterra. Nessa versão, as estacas foram substituídas por pinos, dispostos verticalmente no chão, e o bastão foi substituído por uma bola de madeira. O nome Quilles tem origem francesa, sendo que a palavra *quille* significa pino ou pau. Para os ingleses, o jogo foi denominado *skitles*, ou seja, paus, e era largamente disputado em tavernas, com apostas elevadas.

O sucesso desse jogo fez com que fosse praticado em outros países da Europa, como Alemanha e Holanda. Os alemães jogavam uma versão semelhante ao material do Quilles, só que em proporções bem maiores, para ser praticado ao ar livre, em clubes. Continuaram surgindo outras versões, como por exemplo, uma pista central com duas canaletas laterais, criada pelos normandos. Também foram introduzidas melhorias nos objetos, como a criação da bola com furos para os dedos. Foi por meio dos colonos holandeses, no século XVIII, que o Quilles chegou à América, onde suas modificações deram origem ao boliche tal qual conhecemos.

---

* Este jogo é fabricado no Brasil pela Athena – Jogos e Brinquedos Ltda.

## Descrição

Consta de um tabuleiro de madeira com mastro na perpendicular, haste e pêndulo de barbante com uma bola presa na extremidade e 9 pinos de madeira.

Podem participar 2 ou mais jogadores, e o objetivo é somar o maior número de pontos.

As regras são as seguintes:

a) cada partida terá 10 turnos, tendo o jogador dois arremessos de bola por turno;
b) para dar início à partida, deve-se dispor os 9 pinos com a parte mais larga para cima, nos lugares indicados no tabuleiro;
c) o lançamento da bola deve ser feito de fora da área do tabuleiro;
d) ao fazer o *primeiro arremesso*, podem surgir as seguintes situações:
   – o jogador derruba todos os pinos, fazendo 18 pontos;
   – derruba alguns pinos, faz tantos pontos quantos pinos derrubou, valendo cada pino 1 ponto. Por exemplo, 6 pinos = 6 pontos;
e) no *segundo arremesso*, podem ocorrer as seguintes situações:
   – o jogador derruba de novo todos os pinos, faz mais 18 pontos, totalizando 36;
   – derruba todos os pinos no *primeiro arremesso*, totalizando 19 pontos se derrubar mais 1 pino;
   – derruba 6 pinos no *primeiro arremesso* e mais 1 no segundo, totalizando 7 pontos;

**Figura 1**   Tabuleiro e peças para o jogo Quilles.

- derruba 6 pinos no *primeiro arremesso* e depois todos os pinos restantes, ou seja, mais 3, fazendo 9 pontos para este *segundo arremesso*, o que totalizará 15 pontos (6 + 9 = 15);
f) vence quem fizer o maior número de pontos.

## Situações-problema

Situações-problema são questões elaboradas que têm como referência momentos significativos do jogo. Representam pontos de impasse durante as partidas e exigem decisões importantes para garantir um bom resultado. Têm como objetivo principal desencadear vários tipos de análise, propiciando um maior domínio sobre a estrutura do jogo, tentando, assim, unir conhecimento e aprendizagem. Nesse sentido, são também um modo de fortalecer o conhecimento a respeito do jogo, podendo eventualmente ser transferido para outras situações. Como nos lembra Macedo (1998), em termos do conceito de aprendizagem, há dois princípios que devem ser evidenciados. Primeiro, a aprendizagem deve ser significativa, ou seja, deve levar em conta que, em geral, o indivíduo interessa-se por conhecer objetos que fazem ou têm algum sentido para ele porque podem acrescentar informações a algo previamente conhecido ou porque aguçam a curiosidade. O segundo princípio enuncia que aprender consiste construir procedimentos, imagens e atitudes em relação a um objeto que foi experimentado num contexto de desafios ou de problemas. Esse princípio ressalta a importância de valorizar a ação no processo de aprendizagem, ação entendida como produto da análise e intencionalidade do próprio sujeito. O conhecimento, portanto, não é dado *a priori*, deve ser construído e depende da relação que o sujeito estabelece com o objeto.

Na perspectiva do sujeito, resolver uma situação-problema corresponde a um instante de reflexão sobre o jogo, desenvolve a capacidade de crítica e autocrítica. Essa atitude não permanece circunscrita a um jogo específico, mas pode ser ampliada, projetando-se para outros planos. Permite que o jogador aprenda a formular hipóteses e testá-las, o que, em outras palavras, significa aprender a perguntar e buscar soluções. Em síntese, o jogador poderá melhorar cada vez mais seu próprio resultado, tendo a oportunidade de transformar sua relação com o conhecimento, aprendendo a pensar.

Tendo em vista as considerações já citadas, para o presente jogo foram elaboradas algumas situações-problema que apresentam diferentes desafios, visando exemplificar as possibilidades de adequação ao nível de desempenho do jogador. As questões 1 e 2, por exemplo, pedem uma análise global da situação de jogo, ou seja, o jogador deve realizar um tipo de observação do tabuleiro e peças como um todo. Como pode ser visto, a primeira questão mostra figuras que representam a configuração do tabuleiro, o que facilita sua visualização, sendo recomendável, para crianças menores, por volta de 6 ou 7 anos de idade. É interessante, também, pedir justificativas para as respostas. A segunda questão, por sua vez, exige uma imagem mental do tabuleiro para que possa ser corretamente respondida. As outras questões, com exceção da 7, propõem desafios voltados para o raciocínio lógico-matemático, sendo formuladas em ordem crescente de dificuldade. A questão 7 pede a construção de um problema, o que exige um bom domínio do jogo e a capacidade de descentralização da posição de jogador para a de observador.

As soluções estão no Anexo 3.

1. Os tabuleiros estão como mostra a Figura 2. Os pontos cheios indicam o local dos pinos em pé.
    a) Marque um X no local em que você soltaria a bola em cada situação e indique o movimento (sentido) com uma flecha.

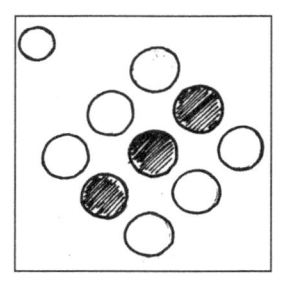

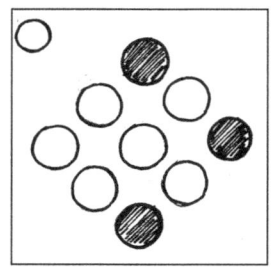

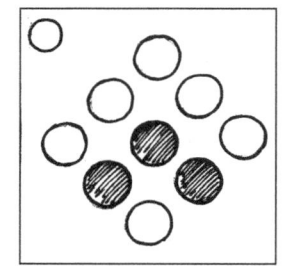

**Figura 2**  Situação dos tabuleiros.

   b) Responda: Quantos pinos já foram derrubados? Que contas você pode fazer para chegar a esse resultado? Faça o registro da operação que você fez.

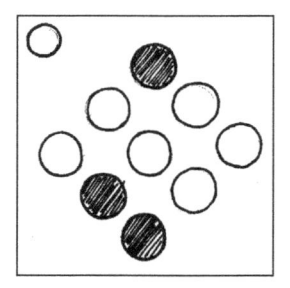

2. Marque com um X a frase que você escolheria como *a melhor* estratégia para derrubar muitos pinos:

( ) soltar a bola sempre do mesmo lugar
( ) jogar bem forte a bola
( ) mudar a posição da bola dependendo dos pinos que estão em pé
( ) apenas soltar a bola de qualquer lugar
3. Qual é o número máximo de pontos numa partida de dois turnos?
4. Se alguém derrubou dois pinos no primeiro arremesso e o restante no segundo, responda:
   a) quantos pinos derrubou no segundo arremesso?
   b) quantos pontos fez? Por quê?
5. Num segundo arremesso, uma pessoa derrubou dois pinos e fez 20 pontos no total. Quantos pinos derrubou na primeira tentativa?
6. Num segundo arremesso, uma pessoa derrubou os quatro pinos que ainda estavam em pé. Quantos pontos fez ao todo?
7. Invente um problema para um colega resolver.

## Implicações psicopedagógicas

O Quilles é um jogo divertido e pode ser utilizado com crianças a partir dos 3 ou 4 anos de idade, sem considerar a contagem de pontos proposta nas regras dos itens (d) e (e). O profissional pode incluir esse jogo em seu planejamento, fazendo as adaptações e os recortes que considerar adequados em função do grupo de crianças com o qual atua. No trabalho em sala de aula ou clínica, contribui para desenvolver aspectos relativos ao raciocínio lógico-matemático, à coordenação motora e à socialização.

Vários aspectos do raciocínio lógico-matemático são trabalhados durante o jogo. O desafio proposto exige, por exemplo, que a criança estabeleça comparações, relações matemáticas e espaço-temporais. A realização de cálculos matemáticos relaciona-se à contagem dos pontos, pois a criança tem a oportunidade de fazer somas ou subtrações para definir sua pontuação. Pode também verificar que tanto a adição quanto a subtração são operações possíveis para chegar ao mesmo resultado. Quando todos terminam uma partida, deve-se comparar os pontos para determinar quem conquistou o maior escore e em que ordem os outros jogadores se posicionaram. O momento, posterior ao jogo, permite que o profissional proponha outras explorações, tais como: construir uma série crescente ou decrescente dos resultados, estabelecer a diferença entre os pontos ou, ainda, calcular por estimativa. Essas explorações, criadas a partir do contexto do Quilles, são, ao mesmo tempo, significativas para as crianças e muito próximas a alguns conteúdos escolares. Em síntese, segundo Brenelli (1996), esse jogo possibilita que a intervenção seja orientada no sentido de propiciar às crianças a compreensão das operações de adição e subtração em contextos que exigem separar, comparar e igualar.

Em termos da organização espaço-temporal, a criança deve levar em consideração simultaneamente a posição dos pinos e do pêndulo em relação ao tabuleiro, dos pinos entre si e de si própria em relação ao jogo como um todo. O jogador conseguirá melhores resultados quanto melhor construir essas relações. Aprender a comparar os totais conquistados pelos jogadores para definir o vencedor também pode ser analisado numa perspectiva temporal, e quem vai determinar o tipo de recorte é o profissional que está trabalhando com o Quilles. Nesse caso, a criança precisa conseguir estabelecer a relação entre maior e menor no contexto da escala numérica, e fazer a correspondência desses resultados com os todos os jogadores.

Além disso, é interessante observar as diferentes formas de registro dos pontos adotadas pelos participantes. Apresentamos, no Anexo 1, uma tabela que possibilita o registro dos pontos de uma partida e que pode ser utilizada para análises posteriores. Em sua pesquisa, Brenelli (1996) também ressalta a contribuição do jogo Quilles para obter representações gráficas por parte das crianças. Aprender a registrar a quantidade de pontos obtida numa partida de forma adequada é um processo a ser construído pela criança. Podemos observar três etapas de aquisição claramente definidas. Na primeira, o registro possibilita anotar os pontos, ou seja, nesse momento tem-se como finalidade única lembrar qual jogador ganhou determinada partida, não necessariamente representando o resultado real. Na etapa seguinte, o registro deve corresponder à quantidade de pontos concretamente ganhos. Nessa fase, o sujeito já consegue estabelecer uma correspondência biunívoca entre os pontos registrados e os pontos realmente obtidos na partida. Por fim, o registro torna-se de fato um sistema de notação em que o jogador pode entender a amplitude da ação de registrar. Percebe que o registro possibilita não a marcação do resultado final, mas também pode substituir totalmente a partida, permitindo uma reconstrução fidedigna do que aconteceu, a qualquer momento desejado.

Durante o trabalho de exploração do Quilles com crianças, temos observado três níveis de desempenho em relação ao jogo. No nível 1 (N1), a criança solta o pêndulo de qualquer lugar, geralmente empurra a bola com muita força, chegando, até mesmo a enrolar o barbante na haste. Não estabelece relação entre força e mira, nem sabe definir quantos pinos derrubou olhando apenas para os que estão em pé (sem realizar uma subtração, portanto), mas precisa contar os que caíram e deixa de experimentar diferentes estratégias para tentar modificar o resultado. Além disso, a definição de ganho no N1 não tem necessariamente como referência o registro. No nível 2 (N2), busca diferentes lugares para a soltura da bola, é capaz de calcular o número de pinos derrubados tanto pela adição como pela subtração, tenta regular a força, começa a buscar alguma relação entre o local de soltura da bola e a trajetória que acontece depois que esta é lançada e já dá mostras de intenção para produzir uma determinada trajetória. É possível registrar depoimentos do tipo:

"Se eu soltar daqui, ela vai fazer assim" ou "Se a gente empurrar com força e reto, a bola bate no meio e depois derruba os outros porque começa a girar". Nesse nível, a criança já consegue estabelecer correspondência entre os pontos obtidos e o registro efetuado. No nível 3 (N3), é capaz de perceber que há uma relação direta entre força, posição de soltura da bola e trajetória. Há uma tentativa cada vez maior de coordenar esses três fatores com o objetivo de melhorar o resultado final. Os cálculos são feitos de maneira imediata, sendo registrados adequadamente. Há bastante variação de estratégias, tentando aproximar o resultado da ação da intenção inicial.

Outra contribuição do jogo QUILLES para os trabalhos pedagógico e psicopedagógico é utilizá-lo para desenvolver o pensamento infantil na perspectiva do desenvolvimento motor. Em relação a esse tema, podemos destacar: coordenação visomotora e motora fina, tônus muscular e lateralidade. A ação de jogar possibilita o desenvolvimento de uma organização interna que favorece o equilíbrio físico e mental. O bom jogador tenta buscar explicações para algumas questões que se tornam desafiantes durante a partida. Vejamos alguns exemplos: "Qual é o melhor jeito de derrubar muitos pinos?" "Qual a melhor posição do pêndulo?" "Qual a relação entre força e mira?". Essas perguntas têm como respostas o estabelecimento ou a descoberta de ações favoráveis e desfavoráveis durante o jogo. Observá-las e buscar as consideradas mais adequadas colabora para a melhoria do próprio resultado.

Ainda em relação aos aspectos do desenvolvimento motor, observamos que as ações necessárias a um bom jogador podem ser classificadas em três categorias gerais: força, localização do pêndulo e trajetória pretendida. A primeira diz respeito à quantidade de força que deve ser imprimida à bola no momento da soltura. A segunda, relaciona-se com o lugar de onde a bola deve ser solta. E, por último, na perspectiva da intervenção junto às crianças, conversar sobre a trajetória pretendida é essencial, pois implica antecipação do movimento a ser feito pela bola e denota intencionalidade da ação.

Outro ponto importante a ser considerado, é o fato de que a situação de jogo é sempre um momento que traz à tona questões no âmbito da socialização. As crianças precisam aprender a esperar a sua vez, a respeitar o outro e, principalmente, a observar suas ações. Macedo (1997) já sublinhou a importância de se considerar o adversário como aquele que ensina como jogar e, muitas vezes, dá a oportunidade de, ao conhecê-lo, poder encontrar novas formas de vencê-lo. Ainda segundo Macedo, as regras do bom jogo devem ser claras, simples e diretas. Assim deveriam ser as relações. O adulto deve sempre contar para a criança o que espera dela. Essa atitude ajuda a manter o interesse na atividade, pois há um limite bem-estabelecido na situação. Para que uma tarefa seja interessante, deve manter-se na forma e ser variável no conteúdo. Essas características estão sempre presentes no jogo, pois possuem regras e material constantes, porém uma partida nunca é igual à outra. No jogo há situações previsíveis, antecipáveis, mas existe algo que só se revela ao jogar. Essa qualidade de surpreender é que deve fazer parte de uma tarefa interessante. Segundo Piaget (apud Kamii, 1980), o melhor método do mundo está fadado ao fracasso se não envolver o aprendiz; a ação do sujeito deve ser valorizada, pois é a partir dela que vão se estabelecer os esquemas de assimilação. O jogo é um exercício de autonomia, pois há um contexto relacional; é um espaço possível em que algo pode acontecer comigo e com o outro, na relação. O jogo ensina a tomar decisões, a antecipar o que o adversário vai fazer e neste sentido jogar é aprender a pesquisar.

Os três aspectos escolhidos para o presente texto são recortes possíveis de se fazer quando um jogo é proposto. Sua relevância é elucidar ao profissional a contribuição do jogo QUILLES para o contexto escolar ou clínico, considerando que esses aspectos são muito valorizados e exigidos como condição para os alunos obterem um desempenho satisfatório em termos escolares. Em outras palavras, se um aluno não estabelece relações lógico-matemáticas com habilidade e segurança, não apresenta uma boa coordenação motora e não aprende a conviver respeitosamente com os outros, sua vida escolar estará seriamente comprometida, com chances maiores para fracassos do que sucessos. Esse jogo pode ser um dos instrumentos para mudar a situação ou preveni-la. O profissional pode aprender muito sobre o aluno ao observá-lo jogando, propondo situações-problema desafiantes e estimulando a percepção dos aspectos que precisam ser modificados.

## SJOELBAK

### Introdução

O SJOELBAK*, conhecido como bilhar holandês, é um jogo muito popular em alguns países europeus, como França, Bélgica e Alemanha. Consiste de um tabuleiro retangular, de madeira, que apresenta em uma das extremidades quatro canaletas. Essas servem de gol para pequenos discos, também de madeira, arremessados da outra extremidade, por meio de um peteleco ou movimento cujo resultado seja fazê-los deslizar no tabuleiro.

Embora tenha semelhança no nome, esse jogo é bastante diferente do bilhar tradicional, sendo comumente encontrado em quermesses e parques de diversões de pequenas cidades. Nesses lugares, o tabuleiro é composto por uma tábua de madeira inclinada, de onde deve-se soltar uma ou várias bolas com o objetivo de entrar nas canaletas da extremidade oposta, para marcar pontos.**

---

* Este jogo é fabricado no Brasil pela Athena – Jogos e Brinquedos Ltda.
** Soubemos da semelhança entre o SJOELBAK e os jogos de quermesse por Marta Rabioglio.

## Descrição

É constituído de uma prancha de arremessos, com linha de tiro numa das extremidades e alvo na outra. Na parte do alvo, há quatro compartimentos delimitados por três pequenas divisórias de madeira e numerados na ordem 2-3-4-1 e de 30 discos de madeira para arremesso (Figura 3).

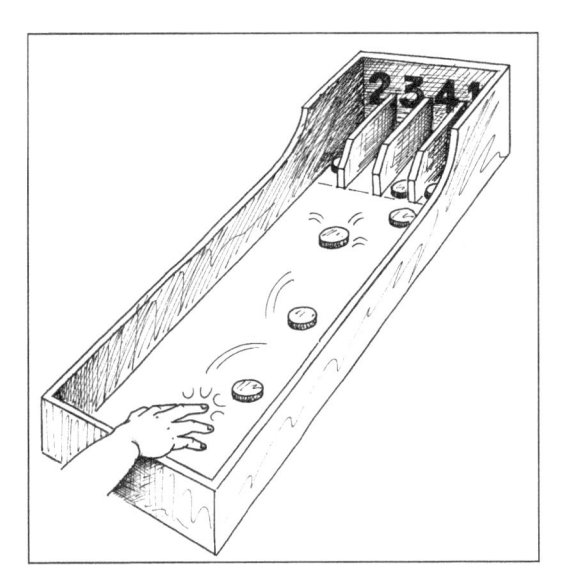

**Figura 3**  Prancha de aremesso e discos do jogo SJOELBAK.

Podem participar dois ou mais jogadores, e o objetivo é atingir o maior número de pontos.
As regras são as seguintes:

a) cada partida é composta por 3 turnos de arremessos;
b) no primeiro arremesso são lançados os 30 discos do jogo;
c) no segundo, os discos que ficarem entre as linhas de partida (tiro) e chegada (alvo), são recolhidos e lançados novamente;
d) no terceiro, os discos restantes entre as linhas são recolhidos novamente e é feito o último lançamento do turno;
e) os discos deverão ser lançados, um a um, por deslizamento, saindo de trás da linha de partida;
f) o disco recebe o valor da casa onde entrar;
g) o disco que, ao ser lançado, bate em alguma trave das canaletas e volta, ficando atrás da linha de partida, é arremessado novamente;
h) os discos que caem para fora do tabuleiro são anulados;

i) são desconsiderados para contagem, os discos que ficarem entre as linhas de partida e chegada ao final do terceiro arremesso, os que estiverem acavalados ou em pé dentro das casas alcançadas e os que ficarem sobre a linha de chegada;
j) a contagem dos pontos deve ser feita somente ao final dos três turnos de arremesso;
k) o jogador passa a vez ao terminar a contagem de pontos para cada partida;
l) pode-se ganhar bônus quando todas as casas tiverem em seu interior um número comum de discos, recebendo o valor desses pontos dobrados. Por exemplo, o jogador conseguiu colocar os discos como mostra a Figura 4.

**Figura 4** O jogador que colocar os discos como mostra a ilustração conta parte dos pontos em dobro.

No exemplo, pode-se notar que o número comum de discos entre todas as casas é 3, o que significa que 3 discos de cada casa receberão valor dobrado. Esses discos totalizam 30 pontos e ganharão mais 30 de bônus. Os discos restantes de cada casa são contados de acordo com o valor da casa em que estão. Assim, o jogador fez 60 pontos com os 3 discos, mais 2 pontos na casa 2, 6 pontos na casa 3 e 3 pontos na casa 1, o que resulta num total de 71 pontos para essa partida.

m) vence o jogador que totalizar o maior número de pontos.

## Situações-problema

Segundo Macedo (1994, p.138), trabalhar com a criança em contextos concretos, utilizando jogos e propondo situações-problema são formas de contribuir para a construção do pensamento operatório. Assim:

(...) a criança pode observar seus erros, enfrentar conflitos, experimentar alternativas, problematizar ou criticar seus pontos de vista, tudo isso realizado, obviamente, pela mediação do professor ou de seus colegas.

As situações apresentadas a seguir foram elaboradas com o objetivo de direcionar o olhar do sujeito para aspectos fundamentais do jogo. Isso pode auxiliá-lo a obter um melhor desempenho ao jogar novas partidas. Além disso, favorece a observação das próprias ações e exercita outras possibilidades de atuação.

Outro aspecto que visamos ressaltar ao elaborar essas situações, relaciona-se com a prática de operações matemáticas que exigem do jogador um certo domínio do sistema numérico e habilidade para representar seus cálculos mentais, bem como um bom conhecimento da aplicação das regras do jogo.

As soluções estão no Anexo 3.

1. Um jogador teve um aproveitamento de 19 discos, sem conseguir bônus. Qual é o máximo de pontos possível nesta situação?
2. Se um jogador distribuiu 18 discos da melhor maneira possível, quantos pontos fez?
3. Qual é o máximo possível de pontos numa partida?
4. Ganhando bônus, uma pessoa fez 58 pontos. Colocou 4 discos na casa 4 e 5 discos na casa 3. Quantos discos acertou nas casas 1 e 2? Qual o número total de discos encaçapados?
5. Invente uma situação-problema.

## Implicações psicopedagógicas

No que diz respeito ao jogo em si, há muitos recortes possíveis para se analisar o aspecto motor. Um deles é observar as diferentes formas de conseguir o efeito de deslizamento dos discos. Os movimentos mais freqüentes são dar um peteleco ou empurrar com dois dedos, sendo que o jogador é livre para escolher qual deles permite acertar a casa desejada com maior sucesso. Além disso, o jogador pode ir descobrindo diferentes formas de ajustar os movimentos corporais, visando a posicionar-se diante do tabuleiro do modo que melhor favoreça seu desempenho. Nesse caso, não há regra que determine se deve ficar sentado, de pé, mais perto ou mais longe, de frente ou meio virado. Há jogadores que aproveitam, também, os próprios limites da prancha para auxiliar no direcionamento dos discos, utilizando-os para garantir um movimento reto ou para ajudar no desvio do disco, formando um ângulo. Tudo isso oferece ao profissional informações sobre como o jogador se organiza física ou corporalmente diante de uma situação e como aproveita o material a seu favor, explorando as diferentes possibilidades para escolher a melhor. Se pensarmos nas situações escolares, podemos observar que um aluno mal posicionado ao escrever, também tem seu rendimento prejudicado. Sua letra fica menos legível, não usa a linha como referência, a velocidade para escrever torna-se inferior ao que poderia ser. Enfim, há aspectos que interferem na qualidade da sua produção, sem ter uma relação direta com a aprendizagem do conteúdo em si.

Em relação à contagem dos pontos, há algumas estratégias que contribuem sensivelmente para se obter um melhor resultado. Por exemplo, controlar a quantidade de discos em cada casa é fundamental para garantir o bônus, sendo necessário igualar sua distribuição. Se há alguma casa com um número inferior de discos, deve-se tentar buscar a igualdade, acrescentando tantos discos quantos forem necessários.

Da mesma forma como já foi descrito anteriormente no trabalho com o jogo QUILLES, é interessante analisar as diferentes formas de notação utilizadas pelos jogadores para marcar seus pontos. Nesse jogo, pode-se também distinguir três fases consecutivas. A possibilidade dessa distinção reforça a idéia de que é muito importante trabalhar diferentes formas de registro, entendendo-o como um processo de conhecimento a ser construído pela criança e que, portanto, merece atenção especial. A análise das fases, feita a seguir, indica-nos a importância atribuída (significado) e a forma de utilização adotada. Num primeiro momento, o registro não corresponde a uma necessidade para a criança, não há uma preocupação com a pontuação exata obtida ao final da partida, sendo, portanto, uma solicitação do adulto. Com isso, pode-se iniciar um processo de mobilização da criança sobre a função do registro. Numa segunda fase, o registro serve para identificar o ganhador da partida, ou seja, é um marcador que indica, fidedignamente, o total de pontos feitos pelos jogadores. Finalmente, numa terceira fase, o registro corresponde ao que de fato aconteceu e não apenas ao total de pontos ganhos. A criança é capaz de criar uma forma de notação que representa a história da partida, podendo substituir completamente o material. Por exemplo, se uma partida de SJOELBAK precisa ser interrompida, pode-se resgatá-la num outro momento por meio de anotações, tais como: distribuição dos discos nas casas e no tabuleiro; quantidade de discos ainda não arremessados; de quem é a vez e qual a pontuação já obtida. É somente nessa terceira fase que o registro passa a ser uma necessidade e um organizador das relações espaço-temporais, sendo concebido pela criança como tendo uma função maior, mais abrangente e representativa da situação de jogo. Para a criança aprender a fazer um registro, ela precisa, portanto, entender sua função e com que objetivo deve ser feito. No entanto, na maioria das vezes, observa-se que esse recurso só é utilizado quando solicitado pelo adulto.

O registro de uma partida, a escrita de uma história ou uma operação matemática são equivalentes, pois todos têm como objetivo básico substituir os fatos e os objetos em si. Eles são indicadores do procedimento utilizado para realizar uma atividade. A necessidade de representar o pensamento é, muitas vezes, uma solicitação externa, adulta, que não tem a menor importância para a criança que a produz. É por isso que o profissional precisa atuar como agente desencadeador desse processo, apresentando desafios que dêem sentido e função ao registro. Segundo Macedo (1994, p.19), "Só a ação espontânea do sujeito, ou nele desencadeada, tem sentido na perspectiva construtivista". Vejamos alguns exemplos de questões que podem ser elaboradas para transformar o registro dos pontos em algo importante ou significativo: "Como a gente pode fazer para lembrar quem ganhou?" "Quem tirou o primeiro lugar no jogo?" "Qual foi a colocação dos outros jogadores?" "Qual foi o número máximo de pontos feitos num turno?". O papel do adulto no processo de construção e compreensão dos sistemas de notação é fundamental para abrir diferentes possibilidades e referências para as crianças conseguirem criar seus próprios elementos de registro.

Em síntese, propor situações em que a criança é levada a construir sistemas de notação para o registro de pontos, é uma forma de contribuir para o desenvolvimento do raciocínio lógico-matemático. Tais situações exigem estabelecer comparações, trabalhar por estimativa, ordenar e calcular mentalmente. Essas aquisições são fundamentais para a aprendizagem de conteúdos escolares, que também exigem a utilização de outras formas de notação. Com isto, aprende-se a identificar os dados que são essenciais para registrar qualquer tipo de situação.

### Adaptações e facilitadores

O objetivo de elaborar diferentes procedimentos é adequar o jogo de acordo com o nível de desempenho das crianças, proporcionando desafios que motivem os jogadores a superar seus resultados. Dessa forma, as propostas variam em grau de dificuldade conforme a situação. De acordo com Macedo (1994, p.134):

> Exercícios, discussões, estabelecimento de conflitos, etc., contribuem para o desenvolvimento das estruturas, mas não têm o poder de estabelecê-las sem levar em conta as possibilidades prévias da criança.

Uma adaptação bastante adequada, principalmente no trabalho com crianças menores, é utilizar valores iguais para as casas, ou seja, considerar que cada disco acertado vale um ponto. Para chamar a atenção das crianças, vale a pena colocar etiquetas no lugar da numeração definida pelo jogo original, escrevendo, por exemplo, 1-1-1-1. Isso elimina a necessidade de encaçapar em uma casa específica, privilegiando, assim, o movimento e a mira bem-sucedidos. Posteriormente, pode-se alterar a numeração, fazendo com que as crianças percebam que as casas centrais são mais difíceis de serem atingidas e, portanto, valem mais. Uma possibilidade é escrever 1-2-2-1. Se o profissional quiser valorizar ainda mais as casas centrais, pode propor uma situação em que as casas laterais não valem ponto, escrevendo 0-2-2-0. Ou ainda, pode combinar (na situação 1-1-1-1) que cada disco colocado nas casas laterais anula um disco das casas centrais. Assim, se um jogador acerta 10 discos nas casas centrais e 3 nas laterais, totalizará 7 pontos. Por fim, utiliza-se a numeração proposta no jogo 2-3-4-1.

Outro facilitador é diminuir o número de discos e o número de tentativas por rodada. Por exemplo, pode-se definir que cada disco será arremessado apenas uma vez, retirando-se do tabuleiro os que não atingem o alvo. Dessa maneira, os jogadores esperam menos tempo para jogar novamente, o que ajuda a manter a atenção na partida. O fator "tempo de espera" é de fundamental importância e adaptações às regras sempre devem ser feitas para que a criança consiga gradativamente controlar sua ansiedade durante o intervalo entre duas jogadas.

Uma situação que contribui bastante para manter a atenção no jogo é dividir tarefas entre os jogadores, devendo haver um rodízio de modo que cada um experimente todas elas. Essa é uma sugestão adequada principalmente quando o trabalho acontece em grupos grandes, pois os jogadores ficam ocupados o tempo todo o que facilita sua organização. Nessa proposta, há quatro funções. O "atirador" é o jogador que arremessará todos os discos e contará os pontos conseguidos. O "juiz de linha" é quem tem como função observar se o jogador daquela vez arremessa os discos, um a um, sem avançar o limite da linha de partida. Caso a ultrapasse, volta-se à jogada ou até mesmo o disco pode ser desconsiderado. Além disso, deve observar se os discos ficam em cima da linha de chegada ou não. Em caso afirmativo, são desconsiderados como acerto. Outra função é atuar como "juiz de campo"; ele observa o que acontece com o disco arremessado e retira-o do meio do tabuleiro caso não entre em nenhuma das casas. Por fim, há o "distribuidor de discos", responsável pela entrega dos discos a serem arremessados, que cuidará para que o "atirador" não utilize os já considerados desclassificados.

Outra sugestão é variar o modo de considerar os pontos ganhos. Para valorizar a mira, pode-se combinar que os discos acavalados, de pé ou parados sobre a linha valem o ponto da casa em que estão situados. Com o objetivo de não complicar os cálculos, no caso de crianças menores, é válido não haver bônus, ou seja, considera-se somente os pontos dos discos acertados nas casas.

O profissional pode propor, também, que as crianças descubram diferentes maneiras de realizar cálculos, fazendo uso da adição num primeiro momento para, em seguida, utilizar a multiplicação como uma outra operação possível. Por exemplo, se há 3 discos na casa 2, inicialmente, observa-se que as crianças contam assim: "1,2 – 3,4 – 5,6" para concluir que fizerem 6 pontos. Num segundo momento, vê-se a seguinte solução: "2 – 4 – 6". É só numa terceira etapa que se observa a utilização da multiplicação como recurso para cálculos. Nesse caso, a criança conta o total de discos e o multiplica pelo valor da casa: "3 x 2 = 6".

O uso da tabela, da forma proposta no Anexo 2, só é necessário quando se utiliza o bônus e a pontuação 2-3-4-1 para as 4 casas do tabuleiro. Inicialmente, essa tabela parece difícil de ser usada, mas durante o trabalho percebe-se que ela ajuda bastante a organizar a história da partida de cada jogador. A intenção final é que as crianças possam olhar uma tabela preenchida e consigam entender o que ocorreu na partida, dispensando inclusive o uso do tabuleiro. Aprender a ler informações contidas em uma tabela, bem como saber produzi-la ou preenchê-la, são ações favoráveis a um pensamento científico e, portanto, são importantes no processo de aprendizagem escolar. Uma sugestão para começar um trabalho com a tabela é desmembrá-la, ou seja, utilizar somente uma parte. Pode-se marcar apenas o número de discos que consta em cada casa, como referência para saber como aconteceu sua distribuição.

Analisar resultados é uma situação interessante. Por exemplo, a distribuição 1 na casa 2, 1 na casa 3, 3 na casa 4 e 5 na casa 1, resulta em 22 pontos e a distribuição 0 na casa 2, 0 na casa 3, 5 na casa 4 e 2 na casa 1, também. Assim, é possível ilustrar que existem diferentes formas de se fazer a mesma pontuação o que propicia uma rica discussão pelo grupo.

Em síntese, procuramos demonstrar, por meio do Sjoelbak, que há um vasto universo a ser explorado quando um profissional escolhe esse jogo para trabalhar. O importante é ficar curioso com o jogo e suas aplicações, bem como estar atento ao seu público, sempre adequando as atividades às necessidades e acrescentando desafios.

## O raciocínio lógico-matemático nos jogos Quilles e Sjoelbak

Gostaríamos de apresentar algumas considerações sobre a educação matemática, de acordo com a perspectiva construtivista. Em um artigo escrito por Piaget em 1966, publicado no livro *Sobre a pedagogia* (1998), sua argumentação tem como objetivo lembrar aos educadores o quanto o desenvolvimento das operações lógico-matemáticas tem um curso "natural", cuja constituição não deveria ser violada. Segundo seu ponto de vista, fundamentado por estudos e pesquisas, as aquisições ocorrem gradualmente, sendo necessário, no entanto, proporcionar um ensino adequado para alimentá-las e complementá-las. Ao afirmar isso, pretende reforçar a importância de respeitar cada fase do desenvolvimento, evitando "queimar etapas" (p.220), ou seja, deve-se evitar oferecer às crianças respostas a perguntas que ainda não elaboraram.

Com isso, faz um alerta aos educadores, demonstrando o que acontece com o raciocínio das crianças e provando, assim, a força que as aquisições têm em relação a uma aprendizagem "imposta" por agentes externos.

Podemos estabelecer uma comparação entre a explicação de Piaget sobre o desenvolvimento das estruturas lógico-matemáticas e nossa proposta de intervenção com jogos. Segundo nosso ponto de vista, a ação de jogar também tem um curso "natural", que se desenvolve progressivamente e depende de dois sujeitos. O principal é o próprio jogador, com suas características e possibilidades; o outro é o profissional que propõe atividades com jogos. A interação entre ambos, o conhecimento sobre as necessidades do aluno e a adequação da proposta são aspectos essenciais para que a atividade tenha um bom resultado. Se a criança está com dificuldades na área de matemática, muitas vezes o centro do problema não é o conteúdo específico em si, mas a forma de pensar que está "truncada" ou desarticulada o que a impede de apresentar um raciocínio adequado para resolver problemas ou fazer contas.

Não podemos mudar a escola ou o modo como o professor desenvolve as atividades curriculares, mas podemos propor situações em que as crianças aprendam a pensar de forma articulada, coordenada e coerente, o que, sem dúvida, pode ajudar a melhorar seu desempenho. Assim, se queremos respeitar as fases do desenvolvimento das operações lógico-matemáticas, também devemos propor situações de jogos em que essas sejam contempladas. Se a criança ainda precisa apoiar-se em objetos, concretamente falando, pouco adianta propor situações-problema verbais ou escritas. A situação de jogo com tabuleiro e peças é vital para viabilizar a resolução do problema. Então, surge a questão: mas se a escola está exigindo muito mais do que a criança pode corresponder, e já não propõe situações com objetos concretos, como fazer a passagem? Não temos uma resposta final, mas nossa experiência com jogos tem-nos mostrado que é preciso retomar alguns pontos antes de avançar, como condição para garantir uma base. Nesse caso, às vezes a criança não precisa de muito, ou seja, algumas ilustrações, o acesso à manipulação e ao contexto do jogo podem ser suficientes. Em seguida, pode-se gradativamente pedir que imagine uma situação já vivenciada na prática e, por último, que utilize seus próprios recursos.

A idéia central é ajudar a criança a construir procedimentos e desenvolver a capacidade de pensar com lógica, ou, pelo menos, que fique desconfiada de uma resposta incerta e de um resultado que lhe pareça estranho. Em síntese, consideramos fundamental que o contexto de jogo represente um desafio possível de ser resolvido pela criança, ou seja, não deve ser fácil nem difícil demais, pois nos dois casos, estaríamos desconsiderando as características de seu desenvolvimento. Nas palavras de Piaget (1966, p.221):

> Toda uma gradação é, portanto, indispensável para passar da ação ao pensamento representativo e uma não menos longa série de transições

continua sendo necessária para passar do pensamento operatório à reflexão sobre esse pensamento. O último escalão é então a passagem dessa reflexão à axiomatização propriamente dita. A construção matemática procede por abstrações reflexivas (...), e é deste processo fundamental que um número grande demais de ensaios educacionais apressados pretendem se abster, esquecendo que toda abstração procede a partir de estruturas mais concretas. Mas conciliando-se a matemática moderna e os dados psicológicos, o mais belo futuro abre-se para a pedagogia.

Em termos da educação matemática, propor situações que possam levar os alunos a construírem seu próprio conhecimento sobre os objetos e as relações entre eles é uma forma de intervenção valorizada por Piaget. No livro *Seis estudos de psicologia* (1964, p.75), apresenta algumas definições que gostaríamos de ressaltar:

> As operações lógico-matemáticas são ações interiorizadas, reversíveis (no sentido de que cada operação comporta uma operação inversa, como a subtração em relação à adição) e coordenadas em estruturas de conjunto. A criança atua primeiramente por meio de ações simples, de sentido único, com uma centralização sobre os estados (sobretudo os estados finais) e sem esta descentralização, que é a única que permite atingir as transformações como tais. Daí resulta esta conseqüência fundamental, que é a não-conservação dos objetos, dos conjuntos, das quantidades etc, antes da descentralização operatória.

Mais adiante (p.111-112), reforça o que afirmou, apresentando a seguinte explicação:

> ... o ato lógico consiste essencialmente em operar, e portanto, em agir sobre as coisas ou sobre os outros. Uma operação é, com efeito, uma ação interiorizada, tornada reversível e coordenada a outras operações, numa estrutura de conjunto que comporta leis de totalidade. Uma operação é reversível quando significa que toda operação corresponde a uma ação inversa (...) Por outro lado, uma operação não está nunca isolada: está solidária a uma estrutura operatória, qual como os "grupos" em matemática (...), ou as redes (...), ou as estruturas mais elementares que os grupos e que as redes, às quais chamamos "agrupamentos".

Levando em consideração as citações anteriormente citadas, é possível distinguir dois tipos de conhecimento: físico e lógico-matemático (Kamii e DeClark, 1986). O primeiro a ser construído é o físico, ou seja, refere-se ao conhecimento sobre os objetos (propriedades físicas) e à possibilidade que o sujeito adquire de agir sobre eles. Nesse sentido, são valorizadas as ações e a observação de suas conseqüências, num contexto concreto e empírico. Nessa fase, os objetos são a grande referência para o processo de aquisição de conhecimento.

Por volta dos 7 anos de idade, no entanto, a criança vai gradativamente conquistando a capacidade de realizar abstrações e de estabelecer relações, apoiando-se, ainda, em contextos concretos. A partir desse momento, portanto, ela consegue comparar, classificar, ordenar e colocar em correspondência, bem como coordenar e realizar operações reversíveis, sendo todos esses aspectos característicos do pensamento lógico-matemático. Piaget (1964) afirma que as operações lógico-matemáticas têm sua origem nas ações, pois estas são o resultado de uma abstração procedente da coordenação das ações, e não dos objetos. Nessa fase, a criança pode atribuir significados que não são inerentes aos objetos, mas dependem da sua capacidade de pensar sobre eles e relacioná-los de diversas formas.

Tendo em vista os aspectos anteriormente apresentados, podemos dizer que os objetos relacionam-se por causalidade, enquanto as ações ou relações relacionam-se por implicações significantes, atribuídas por um sujeito que pensa e dá significado a elas. Assim, a idéia de conhecimento lógico-matemático implica algo que não é físico, embora haja um conhecimento físico em sua origem. No nosso caso, o que interessa é fazer a criança ir além do objeto – o jogo – e suas relações causais, para poder calcular e realizar operações. Essas últimas, exigem uma atuação por inferências, ou seja, antecipar jogadas e pré-corrigir erros, definindo a melhor ação em função de um conhecimento, já garantido anteriormente.

Segundo a concepção construtivista (p.94):

(...) as estruturas lógicas resultam da equilibração progressiva de estruturas pré-lógicas, que são seus esboços, sendo esta equilibração a explicação da passagem de umas para outras, portanto da formação, e, sobretudo, da complementação das estruturas lógico-matemáticas.

Piaget (p.119) também considera que o aspecto social interfere na estruturação das operações lógicas, já que as pessoas atuam, geralmente, em contextos de convivência com seus semelhantes. Ao apresentar suas idéias a esse respeito, justifica a importância do contato social como um fator externo que contribui para a manutenção da coerência das ações e explicações fornecidas pelo sujeito, fazendo-o entrar em contato com suas ações contraditórias, o que demanda evitá-las ou superá-las. Em síntese, diz o seguinte:

A forma de interação coletiva que intervém na constituição das estruturas lógicas é essencialmente a coordenação das ações interindividuais no trabalho em comum e na troca verbal.

As propostas desenvolvidas por Kamii, DeClark e DeVries (1986), em trabalho sobre a educação matemática, são um bom exemplo de como é possível valorizar a construção das estruturas lógico-matemáticas sem "ferir" os princípios construtivistas de seguir as etapas do desenvolvimento para alcançar os objetivos educacionais pretendidos. A idéia central é ter uma prática cujo contexto proporcione a troca de pontos de vista e a busca de coerência. Segundo Macedo (1996, p.198):

> (...) as crianças aprendem aritmética resolvendo problemas e defendendo seus procedimentos e resultados frente ao grupo; concordando ou discordando das soluções divergentes; estruturando na prática seus conhecimentos.

Nossa proposta de atuação com os jogos QUILLES e SJOELBAK também está em concordância com as idéias anteriormente apresentadas. O trabalho realiza-se com jogos que constituem objetos concretos. Mas, como já mencionamos, a idéia é direcionar as situações de intervenção para favorecer a construção do conhecimento lógico-matemático na medida em que se valorizam a observação interpretativa, a avaliação e o estabelecimento de relações entre as ações produzidas e suas conseqüências. Em outras palavras, utilizar jogos em um contexto pedagógico ou psicopedagógico só tem sentido se puder ser transformado em uma experiência de aprendizagem cujo caminho foi construído pela própria criança. As regras são ensinadas, mas as estratégias, as coordenações e as reflexões decorrentes do jogar não o são. Para o jogo acontecer, é necessário estabelecer as condições, ou, em um sentido figurado, dar as mesmas armas para todos os participantes. No entanto, saber como jogar não garante jogar bem e é a este ponto que queremos chegar quando falamos sobre a construção de procedimentos. Esses não podem ser simplesmente transmitidos, não se ensina a jogar bem sem que o sujeito tenha condições internas para aprender e sem que isso lhe faça sentido. Para haver crescimento ou mudança de nível (vide caracterização dos níveis nas implicações psicopedagógicas de cada jogo), é fundamental que o movimento ocorra de dentro para fora. Nas próprias palavras de Piaget (1964, p.143):

> (...) quando se transmite um conhecimento à criança, a experiência mostra que ele fica inútil, ou então, se compreendido, é reestruturado. Ora, esta reestruturação exige uma lógica interna.

Como o leitor pode observar, constam algumas propostas para utilizar os jogos QUILLES e SJOELBAK respeitando-se as idéias construtivistas sobre o desenvolvimento das estruturas lógico-matemáticas. Em síntese, quisemos brevemente apresentar a possibilidade de utilizar esses jogos como instrumentos a serviço do profissional que trabalha com aspectos da educação matemática, aplicáveis aos contextos que eles propõem.

# CAPÍTULO 3

# Caravana e Resta Um

# CARAVANA

## História

CARAVANA é o nome designado pela Coluna Brinquedos para identificar um antigo jogo muito conhecido no norte da África (principalmente na Argélia), chamado *Kalah*, pertencente à "família" dos mancalas. Neste capítulo, serão propostas atividades e análises exclusivamente sobre esta modalidade. No entanto, antes de apresentá-la e como há muitos estudos sobre os mancalas, selecionamos algumas informações interessantes. Do livro Os *melhores jogos do mundo* (sem data, p.122-125) extraímos os trechos a seguir:

> A palavra mancala origina-se do árabe *naqaala*, que significa mover. Com o tempo, esse termo passou a ser usado pelos antropólogos para designar uma série de jogos disputados num tabuleiro com várias concavidades e com o mesmo princípio de distribuição das peças. A forma pela qual este se realiza está intimamente associada à semeadura. Esse fato, aliado ao local de origem, leva alguns a crer que os jogos da família mancala são talvez os mais antigos do mundo.
>
> A sua origem mais provável é o Egito. A partir do Vale do Nilo, teriam se expandido para o restante do continente africano e para o Oriente. Alguns estudiosos supõem que os mancalas têm cerca de 7 mil anos de idade. (...) Os mancalas são atualmente jogados em toda a África, ao sul da Ásia, Américas e na maior parte da Oceania.
>
> Segundo o pesquisador H. J. R. Murray, existem quase 200 tipos diferentes de mancalas. Conforme o lugar de origem, têm diferentes denominações.
>
> Antigamente, o jogo era associado a ritos mágicos e sagrados. Dependendo do lugar, era reservado apenas para os homens ou para os mais velhos, ou ainda, era exclusivo dos sacerdotes.
>
> Os tabuleiros de mancala são feitos de diferentes materiais, dependendo da posição social de quem pratica esses jogos. Podem ser muito simples,

escavados na terra ou areia; podem ser de madeira toscamente esculpida, mas podem ser verdadeiros trabalhos de escultura ou ourivesaria. (...) A madeira mais rara e perfumada era escolhida e trabalhada durante vários meses até que o tabuleiro ficasse digno dos aristocratas que o pretendiam. Os marajás da Índia chegavam a jogar os mancalas utilizando rubis e safiras em lugar de sementes.

Na maior parte dos países onde é atualmente jogado, perdeu seu caráter mágico e religioso. Contudo, ainda há regiões em que os mancalas estão ligados a raízes sagradas.

Entre os alladians – povo da Costa do Marfim – o hábito de jogar *awelé*, jogo da família mancala, é restrito apenas à luz do sol. (...) À noite, deixam os tabuleiros nas portas das casas para os deuses poderem jogar, e, ninguém se atreve a tocar nos tabuleiros, temendo o castigo divino. Nessa mesma nação, quando um rei morre, os pretendentes ao trono jogam *awelé* entre si, durante a noite que se segue aos ritos funerários. O novo rei – afirmam eles – será escolhido pelos deuses e o sinal é a vitória que eles obtêm no jogo.

Os escravos, que tanto influenciaram a cultura americana, trouxeram para as Antilhas e os Estados Unidos um determinado tipo de mancala – o *adi* – originário da região de Daomé. Daí se explica a popularidade desse jogo nessas regiões. [...] No Brasil, o *adi* também foi muito popular. Segundo consta, teria sido desbancado posteriormente pelo dominó, mas o jogo dos búzios, que deriva dos mancalas e que no candomblé está associado a um forte sentido mágico e religioso, é uma amostra concludente da força dos mancalas também na cultura afro-brasileira.

Outra versão sobre a origem desse jogo é apresentada por De Voogt (1997). Segundo esse autor, acredita-se que o mancala originou-se na Ásia ou na África, mas o desenrolar de sua história continua obscuro, principalmente porque não se estudou muito os jogos de mancala asiáticos nem há informações mais aprofundadas sobre os africanos. Recentes descobertas antropológicas revelam que o mancala asiático é jogado principalmente por mulheres e crianças, enquanto os africanos são predominantemente jogados por homens. As regras do asiático, em geral, são menos complicadas e variadas do que as dos africanos, o que sugere uma possível origem africana. Há modalidades de jogos consideradas bem mais complexas que um jogo de Xadrez "(...) onde relativamente poucas modificações acontecem a cada movimento" (De Voogt, p.21-22). Isso se justifica, pois numa partida de mancala é preciso atualizar a configuração do tabuleiro a cada jogada, o que implica considerar mudanças em todas as casas ao mesmo tempo, diferentemente do xadrez, em que apenas uma peça é movida por vez.

Ainda da acordo com De Voogt (1997), os jogos de mancala são classificados segundo o número de fileiras formadas pelas cavidades. Os de duas fileiras são os mais comuns, mas há também tabuleiros com três fileiras, encontrados na Etiópia, e com quatro fileiras, presentes no leste da África.

Outros estudos sobre os jogos de mancala foram realizados por Odeleye (1977, p.8). Esse autor descreve características gerais comuns às diferentes modalidades encontradas:

a) são jogados por duas pessoas, uma em frente à outra, com o tabuleiro longitudinalmente colocado entre elas;
b) antes de começar o jogo, o mesmo número de sementes é distribuído em cada uma das cavidades do tabuleiro;
c) os jogadores se alternam para jogar, distribuindo as sementes da cavidade escolhida, uma a uma, no sentido anti-horário, nas cavidades subseqüentes;
d) sempre há captura de sementes, sendo a forma de captura diferente, dependendo do jogo em questão;
e) a partida termina quando restam muito poucas sementes para o jogo continuar ou quando resta apenas uma semente em cada lado;
f) ganha quem tem o maior número de sementes;
g) as estratégias do jogo envolvem movimentos calculados, que exigem muita concentração, antecipação e esforço intelectual.

Vejamos, então, algumas atividades possíveis de se propor com o CARAVANA e, em seguida, as implicações do uso desse jogo para o trabalho pedagógico ou psicopedagógico.

## Descrição

O material é constituído de 36 sementes e de um tabuleiro retangular contendo 14 cavidades, sendo duas fileiras de 6 casas cada uma e duas maiores que servem de reservatório (oásis), como mostra a Figura 5.

Participam dois jogadores e o objetivo é obter maior quantidade de sementes que o adversário.

As regras são as seguintes:

a) distribuem-se 3 sementes em cada das 12 cavidades (exceto nos oásis);
b) o território de cada jogador é formado pelas 6 casas da fileira à sua frente, acrescido do oásis à direita (somente utilizado pelo proprietário);
c) o jogador pega todas as sementes de uma de suas casas e distribui uma a uma nas casas subseqüentes, em sentido anti-horário;

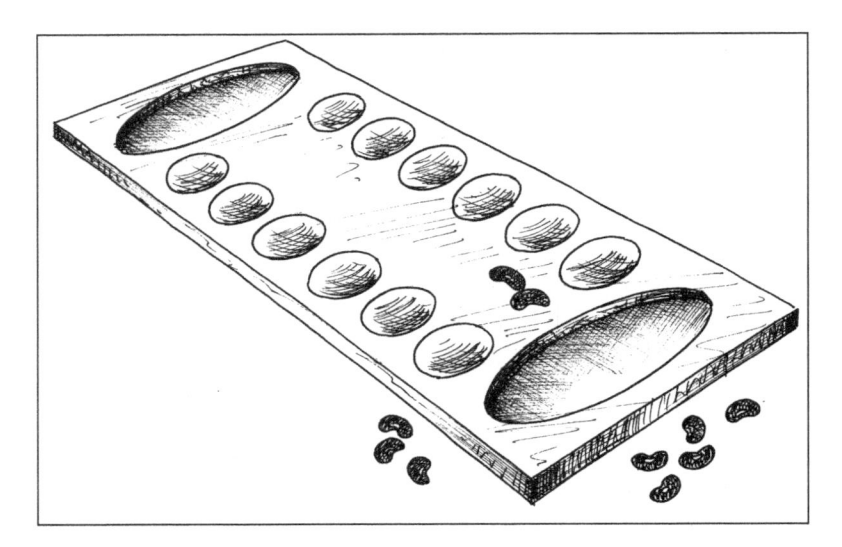

**Figura 5**  Tabuleiro de CARAVANA.

d) o jogador deverá colocar uma semente em seu oásis toda vez que passar por ele e continuar a distribuição, sem colocar, no entanto, nenhuma semente no oásis adversário;
e) todas as vezes que a última semente "parar" numa casa vazia pertencente ao jogador, ele pode "comer" todas as sementes que estiverem na casa adversária em frente, colocando-as no seu oásis;
f) ao terminar a distribuição das sementes ("semeadura"), o jogador passa a vez, exceto quando a última semente distribuída for colocada no próprio oásis. Nesse caso, ele deve jogar de novo, escolhendo uma nova casa (do seu próprio campo) para esvaziar;
g) o jogo termina quando todas as casas de um dos lados estiverem vazias e o jogador da vez não tiver mais nenhuma casa com um número de sementes suficiente para alcançar o outro lado;
h) vence quem tiver o maior número de sementes em seu oásis (as sementes restantes no tabuleiro não entram na contagem).

## Sugestões para a construção do jogo

O tabuleiro mais indicado é o de madeira, porém há outros materiais que podem ser utilizados para confeccioná-lo, tais como argila, gesso e sucatas, principalmente caixas de ovos.

As sementes também podem ser substituídas por conchas, pedrinhas, bolas de gude, etc. É importante lembrar que o material precisa ser escolhido levando-se em conta o tamanho e a profundidade das cavidades do tabuleiro.

Além disso, para construir um tabuleiro e escolher suas respectivas sementes, é conveniente considerar a faixa etária dos prováveis jogadores. Isso se justifica na medida em que pode tornar-se um elemento dificultador utilizar, por exemplo, sementes muito miúdas com crianças de idade inferior a 6 anos.

## Como registrar uma partida

Fazer o registro de diferentes partidas de CARAVANA é muito importante, pois permite a reconstituição das jogadas e, conseqüentemente, possibilita a análise das ações realizadas.

Há uma forma de registro bastante eficaz* que consiste em:

a) numerar as casas do tabuleiro de 1 a 12, como no exemplo a seguir, ou seja, considerar as casas de 1 a 6 para o jogador A e as de 7 a 12 para o jogador B;

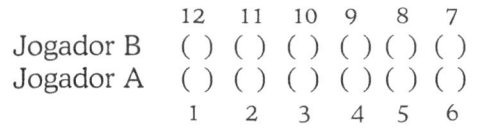

```
             12  11  10  9   8   7
Jogador B   ( ) ( ) ( ) ( ) ( ) ( )
Jogador A   ( ) ( ) ( ) ( ) ( ) ( )
             1   2   3   4   5   6
```

b) anotar somente o movimento inicial de cada jogada, ou seja, o numeral correspondente a casa da qual as sementes são retiradas para posterior semeadura;

d) não é necessário registrar qualquer outro acontecimento do jogo. Esses serão facilmente concluídos quando a partida for reconstituída, dado que o número inicial de sementes é conhecido: só há uma forma de movê-las e as regras já foram estabelecidas.

## Atividades

Uma forma de apresentar as regras do jogo sem descrevê-las verbalmente é convidar os novatos a observar a realização de algumas partidas, desafiando-os a *descobrir como se joga*. É um interessante recurso para conquistar a atenção dos futuros jogadores. Pode-se, por exemplo, levantar algumas questões para verificar se todas as regras foram devidamente compreendidas:

a) quantas sementes são colocadas em cada cavidade?
b) como são distribuídas as sementes pelo tabuleiro?
c) há um sentido obrigatório no jogo?
d) que casas o jogador pode mexer, na sua vez?
e) quando passa a vez para o adversário?
f) quando e como ocorre a captura de sementes?

---

*Essa forma de registro, sugerida por Maria Carolina Villas Bôas, também consta no livro *Strategies des joueurs d'Awele* (Retschitzki, 1990, p.25).

g) quando se deve jogar de novo?
h) o jogador deposita uma semente ao passar pelo oásis adversário?
i) como termina a partida?
j) como é feita a contagem dos pontos?
l) quem vence?

A seguir, verificam-se as respostas, sanando-se todas as dúvidas e divergências. Por último, propõe-se que sejam jogadas algumas partidas para que sejam colocadas em prática as regras aprendidas.

## Situações-problema

Criar situações-problema, após jogar algumas partidas de CARAVANA, é uma atividade que complementa o trabalho em sala de aula ou clínica. Isso estimula o aluno a analisar suas jogadas, questionar suas estratégias e, possivelmente, melhorar seu desempenho em outras partidas. O adulto deve escolher alguns momentos "polêmicos" do jogo, em que o aluno é convidado a refletir sobre as possibilidades de sua ação, bem como suas conseqüências para a jogada de seu adversário. Isto pode ser feito a partir de algum registro ou no decorrer do jogo, em que uma partida é interrompida e algumas perguntas são feitas.

O objetivo principal das situações-problema é "focar o olhar" do jogador para alguns pontos que podem ser melhorados e para as boas estratégias que adotou, às vezes sem perceber. É interessante, portanto, criar situações que "provoquem" o olhar numa determinada direção. Assim, por exemplo, se o recorte determinado pelo adulto é trabalhar o conceito de antecipação, demonstrando sua importância para pensar e resolver problemas, antecipar deve ser um dos recursos utilizados pela criança como condição para solucionar o desafio.

As situações-problema, no caso desse jogo, devem ser realizadas, de preferência, no próprio tabuleiro, pois é possível acompanhar visualmente os movimentos da jogada em questão. Sugerimos que somente crianças maiores (por volta dos 10 anos de idade) sejam convidadas a analisá-las no papel.

Seguem situações-problema que foram elaboradas com base em partidas realizadas em oficinas de jogos.

As soluções estão no Anexo 4.

1. Observe a situação ao lado. A partida será iniciada pelo jogador A. Qual a melhor casa para começar o jogo? Justifique.

|   | 12 | 11 | 10 | 9 | 8 | 7 |   |
|---|---|---|---|---|---|---|---|
| A | (3) | (3) | (3) | (3) | (3) | (3) |   |
| (0) |   |   |   |   |   |   | (0) |
| B | (3) | (3) | (3) | (3) | (3) | (3) |   |
|   | 1 | 2 | 3 | 4 | 5 | 6 |   |

2. O jogo está como mostra a situação ao lado.
   a) Se você fosse o jogador A, em qual casa mexeria? Por quê?
   b) Suponha que o jogador A mexeu na casa 7 e ganhou, portanto, 3 sementes.
   O que B poderia fazer para ganhar mais que essa quantia de sementes já na próxima vez?

|   |     | 12  | 11  | 10  | 9   | 8   | 7   |     |
|---|-----|-----|-----|-----|-----|-----|-----|-----|
| A |     | (4) | (4) | (0) | (3) | (3) | (3) |     |
|   | (1) |     |     |     |     |     |     | (0) |
| B |     | (3) | (3) | (3) | (3) | (3) | (3) |     |
|   |     | 1   | 2   | 3   | 4   | 5   | 6   |     |

3. Observe a figura ao lado.
   a) Descreva a seqüência de movimentos que o jogador A deve fazer para colocar o maior número de sementes em seu oásis.
   b) Quantas sementes ganhou?

|   |     | 12  | 11  | 10  | 9   | 8   | 7   |      |
|---|-----|-----|-----|-----|-----|-----|-----|------|
| A |     | (1) | (2) | (3) | (0) | (0) | (0) |      |
|   | (9) |     |     |     |     |     |     | (13) |
| B |     | (0) | (0) | (0) | (1) | (3) | (4) |      |
|   |     | 1   | 2   | 3   | 4   | 5   | 6   |      |

4. Analise a situação ao lado e responda às questões a seguir:
   a) Qual jogador você gostaria de ser? Justifique.
   b) Suponhamos que A seja o próximo a jogar. Descreva a seqüência necessária para ele conseguir 12 sementes nesta jogada.

|   |     | 12  | 11  | 10   | 9   | 8   | 7   |     |
|---|-----|-----|-----|------|-----|-----|-----|-----|
| A |     | (1) | (2) | (10) | (3) | (0) | (0) |     |
|   | (5) |     |     |      |     |     |     | (3) |
| B |     | (1) | (1) | (0)  | (2) | (1) | (7) |     |
|   |     | 1   | 2   | 3    | 4   | 5   | 6   |     |

## Implicações psicopedagógicas

O CARAVANA (ou KALAH) não é um jogo de sorte, mas exclusivamente voltado para o raciocínio lógico. É classificado, segundo Retschitzki (1990, p.202), como uma das modalidades mais simples dos jogos *Awele*. Em suas palavras: "(...) a complexidade do jogo KALAH é bem inferior a outros *Awele*". No entanto, para o nosso trabalho, já apresenta dificuldade suficiente e permite produzir muitas informações acerca do jogador. Ao decidir enfrentar o desafio, ele envolve-se num contexto em que coordenar suas ações e planejá-las, antecipando a conseqüência de cada uma delas, são condições essenciais para vencer.

Para planejar, é necessário analisar bem o tabuleiro, observando a localização de todas as sementes. Só assim é possível definir qual a melhor jogada naquele momento e evitar jogadas impulsivas e precipitadas, que podem levar a situações de "prejuízo". Em outras palavras, uma não-avaliação do todo afasta o jogador do objetivo do jogo, tendo como resultado, por exemplo, perder a oportunidade de preparar uma boa jogada ou resgatar sementes de seu adversário. Para jogar CARAVANA, é preciso estar sempre muito atento, pois qualquer movimento executado tem conseqüência – direta ou indireta – sobre todas as outras casas do tabuleiro, isto é, o deslocamento de uma ou mais sementes modifica o todo.

A distribuição das sementes a cada jogada está relacionada com os conceitos de tempo e espaço. Tempo, nesse caso, pode ser entendido como a seqüência dos deslocamentos realizados num movimento compassado e rítmico. Quanto melhor um jogador define a seqüência de movimentos a ser executada, maior o aproveitamento de uma jogada. Por exemplo, lembremos da situação-problema número 4. O jogador A tem as sementes assim distribuídas: 1 na casa 12 e 2 na casa 11. Se mexer primeiro na casa 11, perde a chance de jogar 4 vezes seguidas, o que implica, portanto, necessidade de antecipar os movimentos possíveis e suas conseqüências, antes de realizar uma jogada. De Voogt (1997, p.22) conta que um dos grandes desafios dos jogos de mancala é o que denominam *Blind Bao*, uma modalidade em que o jogador deve jogar de costas para o tabuleiro, como se fosse cego (*blind* em inglês). Vence aquele que mais consegue calcular os movimentos mentalmente, descrevendo cada jogada.

O conceito de espaço pode ser definido pelo tabuleiro, com suas 14 cavidades, ou seja, os lugares onde as sementes são depositadas. A configuração espacial do tabuleiro é modificada a cada jogada, o que exige sempre a avaliação das próximas ações em função da nova disposição das sementes. Uma reavaliação constante do espaço em função do tempo precisa ser realizada para se jogar bem. Aprender a considerar a relação entre tempo e espaço, como elementos presentes e indissociáveis na situação de jogo, contribui para melhorar a qualidade da ação do jogador. Portanto, saber lidar com essa interdependência é condição para que a criança possa antecipar futuras jogadas e organizar melhor suas estratégias. Essa conquista, como atitude do jogador, pode ser ampliada para outros contextos, principalmente se a interferência do adulto estimular a comparação da situação de jogo com outras atividades desenvolvidas pela criança. Por exemplo, numa resolução de problema, ela deve avaliar a situação, organizar os dados e definir a seqüência de ações a serem realizadas, exatamente como precisa fazer ao jogar. Nesse sentido, o adulto pode ajudar a criança a estabelecer relações entre jogar e aprender, aproximando as aquisições no jogo aos acontecimentos escolares.

Em qualquer jogo, existe um conjunto de estratégias que compõem o que se entende por jogar bem. Estratégia pode ser definida como sendo "(...) a arte de aplicar os meios disponíveis com vistas à consecução de objetivos específicos" (*Dicionário Aurélio*, 1995, p.278). No CARAVANA, determinar uma estratégia significa explorar ao máximo as possibilidades a cada jogada, elegendo a melhor. Como já foi mencionado, cada movimento acarreta múltiplas modificações na localização das sementes no tabuleiro e o cálculo do que irá acontecer fica mais difícil se muitos movimentos e capturas são realizados numa mesma jogada. É por isso que antecipar é fundamental. O aspecto interessante, difícil de ser percebido pelos jogadores menos experientes, é que, muitas vezes, a melhor jogada não é resgatar sementes alheias naquele momento, mas preparar um ataque futuro ou escapar de uma cilada do adversário. Assim, embora o objetivo do jogo seja acumular o maior número de sementes no próprio oásis, nem sempre é vantajoso "comer" sementes em todas as jogadas, pois esse fato, às vezes, acaba favorecendo o adversário. Isso implica dizer que é muito importante relativizar o objetivo final (futuro) em função de uma ação escolhida como a melhor (presente).

Observar o posicionamento das sementes no tabuleiro é também uma forma de perceber a possibilidade de preparar um ataque ou uma defesa. Atacar pode ser entendido como uma jogada cujo resultado é apropriar-se de sementes do campo adversário e também como a preparação de uma jogada que o outro não poderá desfazer. Defender, por outro lado, significa evitar que certas sementes do seu campo sejam "comidas" e também atrapalhar uma armação do adversário, impedindo-o de fazer uma boa jogada. Durante todo o jogo, portanto, é necessário coordenar ataques e defesas simultaneamente, sem perder de vista a configuração geral do tabuleiro. Em outras palavras, ser capaz de considerar todos os aspectos envolvidos numa partida e antecipar boas jogadas é um trabalho de observação constante e isso é adquirido com a prática do jogo. Assim, quem joga bastante, investindo na qualidade da observação e na busca de melhores estratégias, tem mais condição de se tornar um bom jogador. No entanto, isso não é uma conquista fácil e nem sempre acontece de maneira espontânea, principalmente em se tratando de crianças menores ou crianças cuja dificuldade relaciona-se com as exigências desse jogo.

No trabalho com o CARAVANA, a presença e a interferência de um adulto no momento do jogo são fatores essenciais para garantir o esclarecimento de dúvidas, desencadear novas conquistas e favorecer a superação de erros que estejam impedindo melhores resultados. Ao utilizar jogos, o adulto deve ser muito cuidadoso desde a proposta de exploração do material por parte das crianças e a apresentação das regras, até o jogar propriamente dito, pois a maneira como isso acontece poderá interferir de modo favorável ou não à realização da atividade. Conhecer o material é um momento muito importante do jogo, porque as crianças têm a oportunidade de estabelecer um primeiro contato com o tabuleiro e com o número de sementes. Além disso, poderão observar que as cavidades têm dois formatos diferentes, de acordo com a função a que se destinam e também aprendem o limite do campo de cada jogador, composto por 6 cavidades e apenas um dos oásis.

Descobrir maneiras variadas de apresentar as regras de um jogo é um desafio permanente para os profissionais que se utilizam desse material em seu trabalho. Isso é uma condição importante, pois para interpretar as ações de um jogador é necessário afirmar que ele já domina minimamente como jogar. No caso de jogos como o CARAVANA, cujas regras são muitas e complexas, desmembrá-las é um elemento facilitador eficiente para garantir sua compreensão por parte das crianças; só depois disso pode-se partir para outras análises em termos de raciocínio lógico. Uma possibilidade de introduzir as regras do jogo, além da sugestão de atividade da página 69, é desmembrá-las da seguinte maneira: primeiro, trabalhar somente com a idéia da semeadura, ou seja, aprender a distribuir as sementes nas cavidades, uma a uma. Logo em seguida, inclui-se a passagem pelo oásis e joga-se uma partida só exercitando essas duas etapas, contando as sementes do oásis de cada jogador ao final da distribuição, para já estabelecer o objetivo do jogo (conseguir o maior número de sementes). O próximo passo é apresentar a possibilidade de jogar mais uma vez quando a última semente é colocada no próprio oásis, jogando-se uma outra partida incluindo esta nova regra. Por último, fala-se sobre a forma de "comer" sementes do adversário e inicia-se novamente uma partida. Cabe ressaltar que todo esse processo pode ser acelerado ou não, de acordo com o grau de compreensão e/ou faixa etária daqueles que estão aprendendo a jogar, segundo o critério de quem o introduz.

Quando se trata de analisar erros, é importante ter uma questão sempre em mente, para não confundir os tipos de erros que aparecem: são eles resultado de problemas com a compreensão das regras ou decorrem de limitações correspondentes ao nível de desenvolvimento do próprio jogador? Para checar essa questão, uma possibilidade é observar as crianças jogando ou trabalhar com registros de partidas. No caso do trabalho em sala de aula, em geral funciona melhor observar a atuação dos jogadores, fazendo intervenções durante o jogo ou centralizando na lousa algumas situações comumente encontradas. No caso de atendimentos individuais ou com pequenos grupos, utilizar registros de partidas é um recurso bem interessante. No entanto, seja qual for a dinâmica adotada, o principal é aproveitar o momento de jogo para desencadear reflexões e questionamentos por parte dos jogadores, visando ressaltar a conscientização dos aspectos que podem ser melhorados.

Ao utilizar o CARAVANA como atividade, o adulto também pode propor algumas variações quanto à forma de jogar. Uma delas é mudar a quantidade inicial de 3 sementes em cada casa, até chegar a 6. Isso introduz um novo desafio, pois o jogador é obrigado a rever os procedimentos anteriormente adotados para realizar ataques e defesas. Em outras palavras, o que era utilizado como uma boa estratégia nem sempre pode ser mantido para a nova situação, provocando um desequilíbrio e exigindo a busca de uma nova solução.

Outra variação possível é sugerir uma modificação na contagem dos pontos ao final da partida. Cada jogador deve subtrair do total de sementes existentes em seu oásis as sementes restantes em seu campo. O resultado dessa operação corresponderá à sua pontuação final. Adotar esse critério para determinar o vencedor de uma partida obriga o jogador a não aglutinar um excesso de sementes em seu território. Além disso, ele é levado a valorizar a distribuição como sendo uma ação importante dentro do conjunto de procedimentos adotados. Caso contrário, correrá o risco de ter que descontar muitas sementes ao final do jogo, o que significa a perda de pontos. Propor um critério que enfatiza a necessidade de semear é uma forma de reforçar a importância do planejamento. Isso implica adiar um retorno imediato em função de um objetivo a longo prazo, ilustrando o que muito se fala sobre não ser precipitado e investir no futuro.

Em síntese, além de ser uma atividade divertida e desafiadora, jogar CARAVANA pode também ser uma forma de aprender sobre a importância de pensar antes de fazer e de considerar o outro como parte integrante do sistema, com o qual se disputa a vitória, mas sem o qual não há jogo. Quanto mais joga, mais evidências o jogador adquire sobre o valor de observar e coordenar simultaneamente os diferentes aspectos presentes a cada momento do jogo. Essas conquistas, aliadas às interferências do adulto, favorecem a aquisição de algumas noções básicas para o desenvolvimento infantil e para a aprendizagem escolar.

# RESTA UM

## História

O jogo RESTA UM ou SOLITÁRIO é conhecido em todo o mundo e há diversas histórias sobre sua origem. Consta no *Dicionário de jogos* (1973) que Ovídio, poeta da Antigüidade, (43 a.C.-16 d.C.) já mencionava um jogo de paciência semelhante ao SOLITÁRIO. Em seus registros, descreve o tabuleiro como uma mesa com várias cavidades onde se colocavam bolas, sendo necessário tirar uma delas para movê-las.

Desde a Idade Média existiam na França pequenos tabuleiros redondos com buracos em que se colocavam as peças. Daí nasceu o SOLITÁRIO no século XVII, ou talvez nos fins do século XVI. Porém, não se sabe ao certo por quem ou quando foi inventado. Uma das histórias não confirmadas, mas muito difundida, apresentada pela revista *Superinteressante* (1990), diz que foi inventado por um prisioneiro encarcerado numa solitária da Bastilha. Em outro registro existente, uma carta de 1716, o filósofo e matemático Leibniz exaltava as virtudes desse passatempo, recomendando-o como uma boa forma de exercitar o raciocínio.

Ainda que tenha origem obscura, sabe-se que o RESTA UM atravessou os séculos e continua despertando o interesse tanto de um jogador ocasional como de um estudioso preocupado em descobrir as leis que governam suas soluções.

Atualmente, conhecemos dois tipos de tabuleiro: o inglês e o francês. O primeiro (Figura 6) é o mais conhecido no Brasil e contém 33 cavidades dispostas em cruz; o segundo tem 4 casas a mais, dispostas em forma circular (Figura 7).

## Descrição

Consta de um tabuleiro com cavidades (vide representação nas Figuras 6 e 7), 32 ou 36 peças para ocupar as cavidades e é jogado por uma pessoa de cada vez.

O objetivo é fazer com que reste apenas uma peça sobre o tabuleiro. As regras são as seguintes:

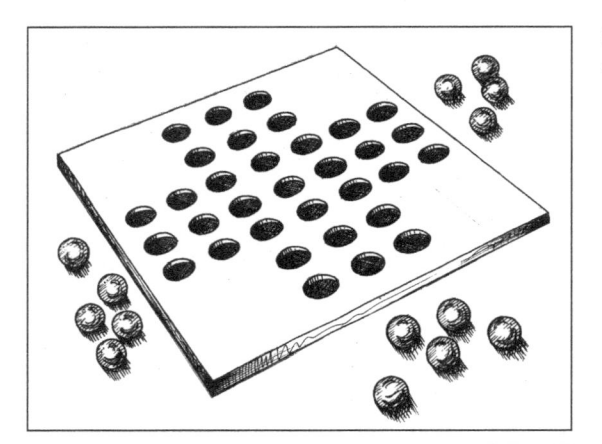

**Figura 6** Tabuleiro inglês e peças do jogo Resta Um.

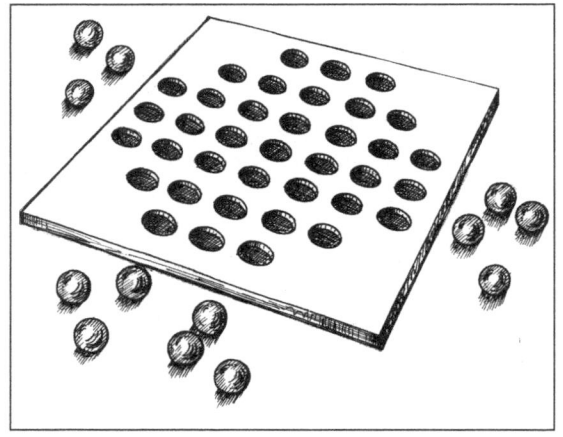

**Figura 7** Tabuleiro francês e peças do jogo Resta Um.

a) preencher todas as cavidades do tabuleiro, exceto a central, com pinos ou qualquer outro material;
b) as peças devem ser movidas na vertical ou na horizontal, de modo que uma sempre salte outra que lhe seja adjacente (como no jogo de damas), parando numa casa vazia imediatamente seguinte;
c) a peça que foi pulada deve ser retirada do tabuleiro;
d) na mesma jogada pode acontecer uma sucessão de pulos, porém esse procedimento não é obrigatório e a jogada pode ser interrompida quando o jogador achar conveniente;
e) o jogo termina quando nenhuma peça disponível no tabuleiro puder ser pulada ou quando restar apenas uma.

## Situações-problema

Existem muitos desafios que podem ser propostos sobre um tabuleiro de Resta Um: pode-se sugerir um número mínimo de jogadas, determinar onde deverá ficar a última peça, manter uma peça intocada até o último lance, concluir o jogo com um salto múltiplo ou, ainda, excluir algumas peças antes de iniciar uma partida. De Bouis (1973, p.433) fez o seguinte comentário sobre o Resta Um:

> Poderíamos chamar ao solitário um paradoxo contínuo, visto que ele é a um tempo simples e composto, de execução fácil, problemático e decidido, regular e irregular, capaz de dar mais exercício aos mais sábios e aos mais sutis, e recrear os espíritos mais tacanhos.

Para ilustrar algumas possibilidades de se desafiar uma pessoa a jogar o Resta Um, selecionamos algumas situações-problema (vide soluções no Anexo 4). Em cada uma delas, o jogador iniciará a partida dispondo as peças somente nas casas que aparecem em negrito. Ele deverá terminar o jogo com a última peça no centro do tabuleiro.

Nesse momento, pode ser interessante registrar todos deslocamentos realizados na resolução do desafio, visando reconstituir o caminho percorrido. Para tanto, sugerimos a numeração das casas do tabuleiro de 1 a 33 a partir da primeira cavidade ao alto, do lado esquerdo. (Ver esquema p. 78)

## Resolução por regiões

Uma forma de concluir com sucesso o desafio desse jogo é propor que seja resolvido por "esvaziamento" de regiões. Para tanto, demarca-se todo o

| CRUZ | | | | | | | LETRA F | | | | | | |
|---|---|---|---|---|---|---|---|---|---|---|---|---|---|
| | | 1 | 2 | 3 | | | | | 1 | 2 | 3 | | |
| | | 4 | **5** | 6 | | | | | 4 | 5 | 6 | | |
| 7 | 8 | **9** | **10** | **11** | 12 | 13 | 7 | 8 | **9** | **10** | **11** | 12 | 13 |
| 14 | 15 | 16 | **17** | 18 | 19 | 20 | 14 | 15 | **16** | **17** | 18 | 19 | 20 |
| 21 | 22 | 23 | **24** | 25 | 26 | 27 | 21 | 22 | **23** | 24 | 25 | 26 | 27 |
| | | 28 | 29 | 30 | | | | | 28 | 29 | 30 | | |
| | | 31 | 32 | 33 | | | | | 31 | 32 | 33 | | |

| PIRÂMIDE | | | | | | | ÁRVORE | | | | | | |
|---|---|---|---|---|---|---|---|---|---|---|---|---|---|
| | | 1 | 2 | 3 | | | | | 1 | **2** | 3 | | |
| | | 4 | **5** | 6 | | | | | **4** | 5 | **6** | | |
| 7 | 8 | **9** | **10** | **11** | 12 | 13 | 7 | **8** | **9** | **10** | **11** | **12** | 13 |
| 14 | **15** | **16** | **17** | **18** | **19** | 20 | 14 | 15 | 16 | **17** | 18 | 19 | 20 |
| **21** | **22** | **23** | **24** | **25** | **26** | **27** | 21 | 22 | 23 | **24** | 25 | 26 | 27 |
| | | 28 | 29 | 30 | | | | | **28** | **29** | **30** | | |
| | | 31 | 32 | 33 | | | | | **31** | **32** | **33** | | |

tabuleiro com números (ou cores) que representam seis regiões a serem esvaziadas na ordem de 1 a 6 (vide figura abaixo).

| | | | 4 | 4 | 4 | | |
|---|---|---|---|---|---|---|---|
| | | | 4 | 4 | 4 | | |
| 2 | 2 | 6 | 6 | 6 | 5 | 5 | |
| 2 | 2 | 6 | | 3 | 5 | 5 | |
| 2 | 2 | 6 | 1 | 3 | 5 | 5 | |
| | | | 6 | 1 | 3 | | |
| | | | 3 | 3 | 3 | | |

Ao final da região 6 só deverá restar uma peça sobre o tabuleiro, na casa 17. É importante ressaltar que, enquanto uma região está sendo esvaziada, pode-se movimentar pinos de outra região, desde que, quando o esvaziamento dessa região for concluído, todas as outras estejam com suas peças nos seus respectivos lugares.

## Implicações psicopedagógicas

Para jogar bem Resta Um é necessário desenvolver a capacidade de concentração e a perseverança. É também fundamental ter um bom domínio espacial, buscando articular constantemente uma peça com as demais que estão no tabuleiro, o que possibilita a construção das ações a serem antecipadas no decorrer de uma partida.

Uma das contribuições desse jogo, que justifica sua utilização nos contextos escolar e clínico, deve-se ao fato de apresentar uma situação que propicia o exercício da antecipação e do planejamento como condições para o jogador ter um bom desempenho. Nas primeiras partidas, ele tem a oportunidade de levantar algumas hipóteses a respeito das ações favoráveis ou não ao resultado. Em geral, as primeiras explicações para os movimentos realizados relacionam-se com a necessidade de não se deixar uma peça isolada em extremidades ou, ainda, com a constatação de que fileiras totalmente preenchidas impossibilitam a sobra de somente uma peça. Quanto maior o número de partidas, acompanhadas por uma análise crítica dos procedimentos, mais será possível constatar que há uma série de ações repetidas e generalizáveis. Se estiver atento a esse fato, o jogador vai se tornando cada vez mais competente para antecipar jogadas chegando, portanto, à solução.

Anotar o desenrolar de uma partida, independentemente do objetivo ser ou não atingido, é fundamental para o jogador poder fazer uma análise crítica de suas ações, podendo modificá-las sempre que considerar necessário para melhorar seu desempenho. Em algumas situações, há mais do que uma solução possível (vide anexo 4), daí a importância de se propor a realização de registros dos movimentos executados. Comparar os diferentes resultados e constatar semelhanças e diferenças entre as diversas soluções de um mesmo desafio, visando encontrar as regularidades existentes, é uma atividade muito rica. Esse trabalho favorece o exercício da observação como condição para dominar melhor a estrutura do jogo. Além disso, convida os jogadores a perceber que seqüências diferentes podem igualmente significar sucesso na solução do problema. Em outras palavras, fazer diferente nem sempre é sinônimo de fazer errado.

Propor a resolução de situações-problema é, segundo nosso ponto de vista, uma forma didática – muito eficaz – de introduzir novos desafios gradativamente, preparando o jogador para resolver o jogo tal qual é conhecido. Inicialmente, pode-se propor situações que apresentem configurações cujo número de peças utilizadas é inferior ao número total, o que permite uma organização visual do todo, facilitando imaginar as antecipações necessárias à finalização da partida. Por exemplo, na Cruz, como são preenchidas somente 6 cavidades, é possível antecipar todos os movimentos a serem feitos para restar uma única peça. A resolução por regiões, por sua vez, auxilia o jogador a resolver o desafio do jogo em partes. Isso demonstra a importância de se definir a seqüência de ações que devem ser feitas, na medida em que é preciso "limpar" cada área, sem alterar a configuração final das restantes. Esses recursos podem ser considerados como organizadores do pensamento daqueles que ainda não conseguem elaborar as antecipações necessárias para solucionar a partida, bem como não conseguem visualizar o tabuleiro como um todo.

Esse jogo ilustra claramente a interdependência que há entre as partes e o todo, pois cada movimento interfere diretamente na resolução do desafio, comprometendo ou não o resultado. Em outras palavras, utilizar o RESTA UM pode servir também como uma metáfora do que significa trabalhar em grupo: este deve funcionar como unidade, sendo que cada parte precisa agir sempre em função do todo para atingir um objetivo comum.

## A antecipação nos jogos CARAVANA e RESTA UM

Segundo o *Dicionário Aurélio* (1995, p.46), antecipar significa: "Fazer, dizer, sentir, fruir, fazer ocorrer antes do tempo marcado, previsto ou oportuno, precipitar". Essa ação, da forma como é definida, muitas vezes pode parecer algo que se deve evitar ou cuidar, para não fazer antes do outro aquilo que ele deve fazer, "atropelando-o". Por exemplo, um professor ansioso por ajudar seu aluno, pode precipitar uma resposta cujo tempo oportuno é do aluno (e não dele) e que, portanto, deveria ser construída. Nesse sentido, não é conveniente antecipar, pois isso implica tomar a dianteira em uma situação cujo papel não é o de construtor, mas de coordenador.

No entanto, antecipar, segundo nosso ponto de vista, é fundamental tanto para realizar tarefas escolares, como para jogar. Então surgem perguntas: "Como trabalhar a antecipação a serviço de atitudes construtivistas?"; "Por que é importante antecipar?"; "Que contribuições o professor pode trazer estimulando seus alunos a desenvolverem a capacidade de antecipação?" Para respondê-las, primeiramente devemos explicar nosso conceito de antecipação, diferente do já apresentado pelo dicionário. Escolhemos alguns autores que definem ou utilizam esse conceito de acordo com nossa perspectiva e da forma pela qual desenvolvemos nosso trabalho com jogos, visando fundamentar nossa posição. Então, vamos a eles.

Segundo Boutinet (1990, p.80), antecipação deve ser entendida como um tipo de previsão no sentido científico, sendo relativa à planificação e à projeção. Em suas palavras:

> (...) *antecipar* é mostrar esta capacidade para suspender momentaneamente o curso das coisas, no sentido de procurar saber como este curso vai evoluir, logo para tentar, se o caso se apresentar, infletir a seqüência dos acontecimentos. *Antecipar* é, em definitivo, em relação à situação presente, fazer prova de inteligência, quer dizer, adotar uma atividade de desvio permitindo melhor reapoderar-se das situações com as quais somos confrontados, evitar que estas situações se nos imponham de forma coerciva.

Piaget (1964, p.104), por sua vez, empregou a palavra *antecipar* numa explicação sobre o equilíbrio das estruturas cognitivas. Em suas palavras, um estado de equilibração seria concebido como: "(...) compensação das perturbações exteriores por meio das atividades do sujeito (...)". Nesse momento, seu objetivo não era definir antecipação, mas é interessante constatar a utilização do termo, há mais de vinte anos, e com a conotação que estamos usando.

Ele escreveu assim:

> No caso das estruturas superiores ou operatórias, (...) as perturbações às quais o sujeito responde podem consistir em modificações virtuais, isto é, nos casos *optimum* podem ser imaginadas e *antecipadas* pelo sujeito sob forma de operações diretas de um sistema (operações exprimindo transformações em sentido inicial qualquer); nesse caso, as atividades compensatórias consistirão, igualmente, em imaginar e *antecipar* as transformações, mas no sentido inverso (operações recíprocas ou inversas de um sistema de operações reversíveis).

Macedo (1994, p.112) também explicou a noção de reversibilidade sob o ponto de vista da antecipação, acrescentando outras informações a este conceito:

> (...) *antecipar* é tão importante para o desenvolvimento da criança e para sua aprendizagem escolar quanto recorrer ao passado ou ao presente reconstituindo-os no plano simbólico. Aliás, *antecipação* e recorrência, consideradas simultaneamente, definem, para Piaget, a qualidade reversível de uma ação que, por isso mesmo, torna-se operatória (ou seja, transformadora, porque logicamente necessária e possível). *Antecipar* supõe operar o futuro no presente.

> Planejar, projetar, pré-corrigir erros, etc., deduzir algo ainda não ocorrido, mas sobre o qual se pode concluir (por exclusão ou qualquer outro argumento), são ações fundamentais à aprendizagem escolar da criança. O professor ajuda quando propõe à criança que ouse imaginar o resultado de uma situação, faça estimativas, se comprometa com uma resposta sobre a qual a experiência anterior só pode lhe dar algumas pistas.

Dessa definição podemos extrair importantes informações sobre as contribuições da antecipação como atitude favorável à aquisição de conhecimentos, ao desenvolvimento e, portanto, à aprendizagem escolar. Destacaremos três. Em primeiro lugar, exige pensar operatoriamente. Isso significa estabelecer relações com objetos e situações analisando as possibilidades, privilegiando a lógica, articulando partes e todo, comprometendo-se com procedimentos e resultados, buscando justificar e compreender. Em segundo lugar, valoriza a necessidade de planejar e, nesse sentido, imaginar o que não aconteceu, mas pode ser realizado porque é dedutível. Além disso, nesta citação, Macedo também apresenta algumas sugestões sobre o que o professor pode fazer para seus alunos aprenderem a antecipar, o que pode ajudá-los a compreender o valor desta atitude no processo de ensino e aprendizagem.

No livro *As formas elementares da dialética* (capítulo 5), Piaget (1980) investigou a construção dos processos de inversão, propondo situações-problema para crianças. A questão principal para tratar desse tema era predizer o trajeto de bolas deslizando em canaletas com pivôs que causavam desvios em seus trajetos. Como é de costume, após descrever a situação experimental e as respostas dos sujeitos, que deveriam prever o que aconteceria com bolas soltas uma a uma, Piaget analisa as ações realizadas para resolver o desafio, apresentando as características de cada nível de desenvolvimento. A contribuição desse capítulo para nosso tema – a antecipação – consiste em conhecermos algumas particularidades do pensamento infantil. Por exemplo, antes dos 7-8 anos, não há menção de sujeitos com capacidade para prever ou deduzir. Suas ações são contraditórias e pouco consistentes. Dos 7-8 aos 10-11 anos, as crianças passam a agir em função desse objetivo, mas ainda não conseguem generalizar suas previsões e deduções. É só a partir dos 11-12 anos que se pode esperar um tipo de raciocínio articulado e integrado, englobando todos os aspectos de uma situação. Segundo esse autor, se o sujeito age sobre os objetos, descobre regularidades, compreende as razões de seus acertos ou erros e, portanto, torna-se capaz de realizar antecipações que são "(... ) devido às implicações entre as ações, caracterizadas pelas ligações necessárias entre suas significações" (p.106). Antecipar, portanto, é inferir o que poderá acontecer num sistema de implicações entre ações e operações. Nesse sentido, é mais do que considerar o aspecto causal de uma situação, pois nesta, o sujeito fica restrito à ação propriamente dita e à descrição ou registro de seus resultados.

Vejamos a diferença desses conceitos numa situação com os jogos apresentados. No Resta Um, por exemplo, uma coisa é descrever um movimento realizado em função do resultado que ele produz naquele momento e outra coisa é analisar as conseqüências futuras daquela ação no sistema de uma partida. Em outras palavras, "comer" uma peça é bem diferente de saber que esse movimento interfere na partida como um todo. Podemos afirmar, portanto, que uma partida bem-sucedida é resultado de uma série de ações também bem-sucedidas, porque totalmente conectadas umas com as outras. No Caravana, o mesmo pode ser dito. Para jogar bem, a cada semeadura é fundamental analisar não só a perspectiva daquela jogada, mas as implicações dessa ação no conjunto de uma partida. Se é minha vez de jogar, devo imaginar a conseqüência que a modificação na quantidade de sementes em cada cavidade vai produzir, tanto nesse momento como no imediatamente posterior e nos outros momentos que irão sucedê-lo. Antecipar pede observar o sistema, exige considerar que não há ação isolada, mas ações integradas e encadeadas. Em síntese, em ambos os jogos, não é possível falar em jogar bem baseando-se somente em regularidades, tentativas e constatações. Como já foi dito, o jogador deve realizar um trabalho de antecipação, integração e compreensão das razões de seus acertos e erros.

Logo no início dessas considerações, levantamos três questões. Voltemos a elas, agora tratando de enaltecer o ambiente escolar na perspectiva do professor e das contribuições que ele pode trazer para seus alunos propondo situações que:

a) expliquem, em momentos do cotidiano, por que é importante antecipar;
b) valorizem a capacidade de planejar, estimar, imaginar e analisar as possibilidades.

Um grande argumento em favor da antecipação é, segundo Macedo (1999), possibilitar a pré-correção de erros. Isso responde ao primeiro item apresentado anteriormente, ou seja, ajuda a explicar por que é importante antecipar. Vejamos mais argumentos. Antecipar é uma forma de regulação, que "pede" uma análise ampla da situação. Diante de um desafio, o aluno se pergunta: "O que devo fazer?" ou "Como posso agir?", sempre em função das decisões previamente tomadas e visando o objetivo final. Nesse momento, portanto, deve considerar simultaneamente diversos aspectos da situação, imaginando possíveis erros e evitando produzi-los. Um professor ou psicopedagogo deve propor, sempre que possível, situações-problema para seus alunos ou clientes. Essas situações, quando bem-formuladas, são causadoras de desequilíbrio na forma de pensar e ajudam a criança a buscar novos recursos para resolvê-las. Entendemos como "bem-formuladas", propostas cujas respostas não são dadas ou predefinidas, que tenham o objetivo claro, sejam adequadas à faixa etária e que, portanto, façam com que a criança seja "chamada" a agir, sentindo-se desafiada. Assim, de acordo com Macedo (1999), quem resolve uma situação-problema procede por regulação, ou seja, deve produzir uma resposta em face de um objetivo, favoravelmente a ele. Regulação é o processo pelo qual uma ação se organiza e constrói uma resposta em face de um problema, privilegiando a qualidade da produção. Em outras palavras, regulação implica "calibrar" a resolução do problema, modificando ou corrigindo certos aspectos, bem como mantendo ou reforçando outros. Nessa perspectiva, regular é pré-corrigir erros, e antecipar o que não é favorável ao objetivo.

Os jogos e, particularmente, o RESTA UM e o CARAVANA, são excelentes instrumentos para colocar a criança frente a uma situação em que antecipar e pré-corrigir erros são condições para vencer os desafios propostos. Essa afirmação ajuda a exemplificar o que foi questionado anteriormente, isto é, que situações o professor pode apresentar a seus alunos no sentido de valorizar atitudes como antecipar, estimar, imaginar o que pode acontecer e o que deve ser feito como hipótese antes de concretizar uma ação. É muito comum dizermos: "É necessário pensar antes de fazer". Mas, na prática, as crianças não sabem realmente o significado disso. Então, surge outra pergunta: "Como aprender a antecipar?" Não há uma receita, porém sabe-se que quanto mais organizado, observador e analítico for o jogador, mais chances terá de ganhar uma partida. O mesmo acontece nas situações escolares: quem consegue organizar-se, observa cuidadosamente a situação e analisa os aspectos envolvidos, também consegue bons resultados em seu desempenho como aluno. Jogar Resta Um e Caravana exercita e promove o desenvolvimento dessas ações, exige comprometimento e responsabilidade, ajuda a construir atitudes favoráveis à aprendizagem e ensina a pensar.

Em síntese, na perspectiva do aluno, antecipar tem valor de aprendizagem porque, ao analisar o passado e pensar no futuro, pode-se construir um presente articulado, coordenado e regulado no sistema. Antecipar, na perspectiva do profissional, viabiliza o trabalho no contexto de projeto, porque organiza o futuro, pré-corrige erros, busca o equilíbrio e a integração.

# CAPÍTULO 4

# Traverse e Quarto

Uma forma de apresentar um jogo desconhecido é pedir para as pessoas observarem a preparação do tabuleiro e o desenvolvimento de uma partida, sem explicações prévias, como também foi sugerido para apresentar o jogo CARAVANA. O objetivo dessa proposta é verificar o quanto é possível apreender sobre as regras exclusivamente por meio da observação. Em outras palavras, nesse primeiro contato, é proposto que os observadores realizem constatações baseadas em dados que a realidade apresenta, levantando hipóteses sobre o funcionamento do jogo. Após o término de uma ou duas partidas, solicita-se que respondam algumas questões.

Neste capítulo, utilizaremos dois jogos para ilustrar esta proposta: TRAVERSE e QUARTO.

## TRAVERSE

### Introdução

O jogo TRAVERSE, cujos direitos autorais pertencem à Glacier Games Company (EUA, 1991[*]) é comercializado, no Brasil, pela UNICEF. Até o presente momento, não temos mais informações sobre sua história, porém, sabe-se que essa palavra refere-se ao ato de atravessar. De acordo com o *Dicionário Aurélio* (1986, p.197), atravessar significa:"(...) passar para o outro lado, transpor". Essa ação corresponde ao movimento das peças no tabuleiro.

Fazendo um breve paralelo com o ato de atravessar uma grande avenida, lembremos quantos aspectos devem ser observados simultaneamente para tal acontecimento realizar-se com segurança. Questões como: "Para onde vou?", "Para onde devo olhar?", "Qual a direção dos carros?", "Preciso andar rápido?" são fundamentais para garantir o cumprimento do objetivo. Uma análise detalhada e coordenada também deve ser feita para jogar o TRAVERSE. Nesse jogo, as ações futuras devem ser avaliadas a cada momento, uma vez

---

[*] Informações cedidas por Cyrce J. de Andrade.

que a relação entre as peças modifica-se sempre depois que ocorre uma jogada. Assim sendo, realizar uma travessia exige muita atenção para coordenar as partes que compõem o todo.

**Primeiras descobertas**

O objetivo desta atividade é aprender via observação. Por isso, nesse momento, deve haver pouco diálogo entre os observadores para aguçar outras formas de entrar em contato com o jogo. Quem o apresenta deve colocar-se diante do grupo de modo que todos possam ver o tabuleiro, a colocação das peças e o desenrolar da partida. É conveniente anunciar a proposta, no sentido de localizar o que é para ser observado nos seguintes termos: material, ações realizadas e o objetivo do jogo. Deve-se sugerir aos observadores que tenham lápis e papel à mão para registrar tudo o que forem percebendo. Joga-se uma partida até o final e, em seguida, são apresentadas as perguntas que seguem. Não é necessário formulá-las previamente para não sobrecarregar os observadores com nomenclaturas e informações que ainda não lhes são familiares.

As questões são as seguintes:

a) Como é o material que você observou? Descreva-o.
b) Como é a organização das peças no tabuleiro antes do início da partida?
c) Qual é o objetivo do jogo?
d) Como é a movimentação de cada uma das peças?
e) Quantas e quais direções e sentidos tem cada peça?
f) Que peça tem mais mobilidade no jogo? E menos?
g) Que peça pode ser "comida"? O que acontece com ela?
h) Que lugar um círculo deve ocupar após ser pulado por uma peça adversária? Quem o determina?
i) Quais as condições para que se possa realizar um passe (movimento) longo?

Essa etapa de descobertas é muito importante e, para tanto, deve-se explorar amplamente todas as informações trazidas pelo grupo, selecionando as que são relativas ao jogo e as que ainda devem ser complementadas, bem como eliminando as outras. Também é interessante comparar as respostas e constatar que diferentes pessoas observando o mesmo objeto produzem informações variadas, às vezes, até mesmo incompatíveis. Isso se justifica, pois a realidade comporta nuanças muitas vezes não percebidas num primeiro momento, a não ser que haja mais interação, diálogos e confirmação de informações.

A conseqüência de melhorar a qualidade dessa observação inicial é favorecer a compreensão das regras, o que é condição para o jogo acontecer. Não adianta interferir, criticar ou mesmo apresentar novos desafios se o jogador ainda tem dúvidas quanto ao "funcionamento" do jogo. O mesmo deveria ser feito quando se apresentam novos conteúdos, que precisam ser bem assimilados antes de poderem ser generalizados para outros contextos. Em outras palavras, há muitas situações escolares que pedem um trabalho de observação por parte dos alunos para que se apropriem de um conteúdo. Essa fase da aquisição de conhecimentos é fundamental para garantir uma base mais sólida. Por exemplo, se uma criança está aprendendo a tabuada, deve primeiro compreender que essa representa uma síntese da adição e que seu uso para realizar um cálculo possibilita maior rapidez para chegar ao resultado. Só em um outro momento, após uma prática que sustenta a importância dessa aquisição, será possível para a criança utilizar a multiplicação como instrumento.

Vale a pena lembrar que essa proposta de introdução do Traverse também serve como metáfora para ilustrar o processo de avaliação de uma criança. Um cliente novo ou um jogo desconhecido representam um mistério a ser desvendado e, portanto, exigem do observador um olhar refinado para evitar afirmações precipitadas. Em se tratando de observar para avaliar, no sentido de conhecer para emitir um juízo de valor sobre uma pessoa, é sempre interessante ter em mente algumas perguntas, como: "Qual o objetivo da avaliação"? "Por que ela está sendo proposta"? "Quem será avaliado"? "Que aspectos devem ser melhor observados?" (Hadji, 1989). Essas questões, dentre outras, contribuem para direcionar o olhar de quem observa e aproximá-lo de seu objeto de estudo. Como já foi mencionado, é necessário ser cauteloso nas conclusões, pois essas, em geral, são provisórias, refletem apenas uma fase da vida de quem é analisado e, portanto, estão em permanente transformação. Daí o sentido do nosso trabalho de intervenção, que considera a aquisição de conhecimentos como algo possível de ser conquistado.

## Descrição

O jogo é constituído de um tabuleiro quadriculado de 10x10 cm (Figura 8) e de 8 peças de cada cor (azuis, amarelas, verdes e vermelhas), sendo: 2 triângulos, 2 losangos, 2 círculos e 2 quadrados. Jogam 2 a 4 parceiros. O objetivo é mover todas as peças de sua fileira inicial para o lado oposto do tabuleiro (fileira de destino).

As regras são as seguintes:

a) cada jogador escolhe uma cor e coloca suas peças de um lado do tabuleiro (fileira inicial), na ordem que considerar conveniente, sem incluir os cantos;

b) as peças podem ser movidas um espaço de cada vez, em direção a um espaço adjacente vazio;

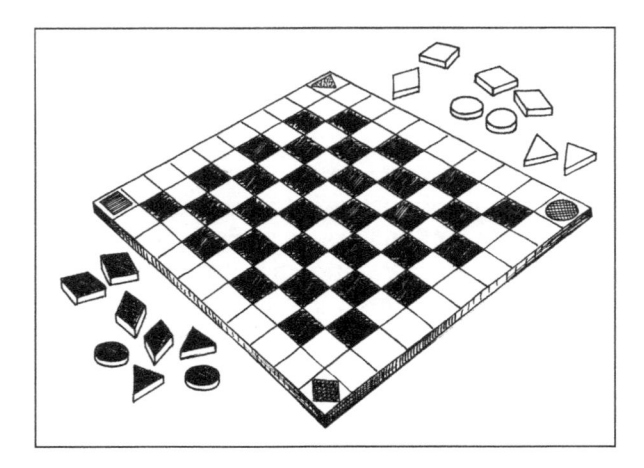

**Figura 8** Tabuleiro e peças do jogo TRAVERSE.

c) as peças devem ser movidas de acordo com seu formato (losangos e triângulos devem apontar sempre para frente, o que facilita visualizar seus movimentos):
   – quadrados movem-se vertical e horizontalmente;
   – losangos têm movimentos diagonais para frente e para trás;
   – triângulos movem-se nas diagonais somente para frente e na vertical para trás;
   – círculos podem fazer movimentos em todas as direções;
d) passes curtos – o jogador pode "pular" por cima de qualquer peça, desde que essa seja vizinha à sua e possa ocupar a casa seguinte adjacente. As peças "puladas" não são capturadas nem voltam ao início do tabuleiro, servindo apenas como "trampolim" para o salto (exceção feita ao círculo – vide alínea h);
e) passes longos – o passe pode ter longa distância, passando por cima de uma peça que não esteja adjacente à sua, desde que haja simetria entre os espaços antes e depois da peça pulada. Em outras palavras, deve haver o mesmo número de casas vazias antes e depois da peça a ser pulada, mais uma casa que a peça do jogador ocupará ao final do passe;
f) séries de pulos – o jogador poderá fazer uma série de pulos consecutivos, contanto que cada passe esteja de acordo com as regras do jogo;
g) os círculos são peças especiais – se o jogador passar por cima do círculo de algum adversário, deve colocá-lo na fileira inicial para que recomece sua travessia. O jogador poderá pular seu próprio círculo, porém esse não deve ser recolocado no início novamente;

h) ao chegar na fileira de destino, as peças não podem mais voltar ao tabuleiro nem ser movidas na própria fileira de chegada;
i) o jogo termina quando um jogador conseguir atravessar suas 8 peças para o lado oposto do tabuleiro.

# QUARTO

## Introdução

O QUARTO foi criado por Blaise Müller[*] na França, em 1985. Naquele mesmo ano, esse jogo foi premiado nos concursos de Boulogne- Billancourt e em Cannes em 1992. Além disso, sabe-se que ainda ganhou prêmios em outros países da Europa e nos Estados Unidos. É comercializado pela Gi Gamic (França).

Observando sua nomenclatura, pode-se também estabelecer uma relação entre a palavra e seu significado de origem. De acordo com o *Dicionário Aurélio* (1986, p.1426), quarto é derivado do latim *quartu* e significa "(...) numeral ordinal e fracionário correspondente a quatro".

Para se realizar um alinhamento, são necessárias 4 peças com pelo menos um atributo em comum e, vale lembrar, cada uma delas também possui 4 características.

### *Primeiras observações*

Essa atividade é semelhante à realizada com o TRAVERSE, pois também tem como objetivo aprender o máximo possível sobre um objeto desconhecido por meio da observação, sem muitas informações prévias. Para tanto, deve-se apresentar o jogo sem contar verbalmente regras, procedimentos e objetivos a serem atingidos. Quem propõe a atividade deve posicionar-se de modo a que os observadores possam ter um bom ângulo de visão sobre o tabuleiro. Se houver outras pessoas que conheçam o jogo, vale a pena propor pequenos subgrupos e fazer algumas partidas concomitantes. Deve haver pouca troca de informações, sendo a coleta de dados realizada individualmente, para que somente depois possam comparar as anotações. Ao final de uma ou duas partidas, podem tentar responder algumas perguntas, como as seguintes:

a) Como é o material utilizado para este jogo?
b) Qual é o objetivo do jogo?
c) Como é feita a colocação das peças no tabuleiro?
d) O que cada jogador deve fazer quando é sua vez?

---

[*] Informações cedidas por Cyrce J. de Andrade.

e) Há deslocamento de peças?
f) A quem pertencem as peças?

## Descrição

É um tabuleiro quadriculado com casas de 4x4 cm e 16 peças diferentes entre si, tendo cada uma 4 atributos: clara ou escura, redonda ou quadrada, alta ou baixa, furada ou sem furo (Figura 9).

Participam 2 jogadores. O objetivo é formar um alinhamento, em qualquer direção, de 4 peças que tenham pelo menos um atributo em comum.

As regras são as seguintes:

a) o primeiro jogador escolhe uma entre as 16 peças, mas não a coloca no tabuleiro: deve entregá-la ao adversário para que esse a coloque em alguma casa;
b) o segundo jogador escolhe outra peça entre as restantes e também não a coloca no tabuleiro, mas a entrega ao primeiro, que escolherá o lugar mais adequado para colocá-la;
c) o jogo prossegue dessa forma até que alguém consiga construir um alinhamento de 4 peças com pelo menos um atributo em comum e diga "Quarto!";
d) Se um jogador faz um alinhamento, mas não percebe e dá uma peça ao adversário, perde a chance de fazer aquele "Quarto". Se o adver-

**Figura 9** Tabuleiro e algumas peças para o jogo Quarto.

sário perceber, neste momento pode falar "Quarto!" e será o vencedor. Caso contrário a partida prossegue até que um novo alinhamento seja construído;

e) a partida termina quando alguém constrói e indica um "Quarto" ou quando todas as peças forem colocadas sem que haja um vencedor.

## Aprendendo a observar a criança

O profissional que trabalha com educação enfrenta diariamente o desafio de conhecer bem seus alunos, devendo refinar cada vez mais o olhar sobre eles. Segundo Estrela (1984, p.128):

> Só a observação permite caracterizar a situação educativa à qual o professor terá de fazer face em cada momento. A identificação das principais variáveis em jogo e a análise das suas interações permitirão a escolha das estratégias adequadas à prossecução dos objetivos visados. Só a observação dos processos desencadeados e dos produtos que eles originam poderá confirmar ou infirmar o bem fundado da estratégia escolhida.

Assim sendo, aprender a observar é um aspecto fundamental, embora muitas vezes seja tratado de forma superficial. Observar é muito mais do que somente "dar uma olhada rápida". Significa deter-se, buscar relações, perceber semelhanças e diferenças, querer conhecer melhor. A observação é um processo constante e dela depende o diagnóstico e a continuação do trabalho. Quando a observação tem qualidade, ela pode colaborar para uma atuação mais eficaz.

A seguir, são propostas duas formas possíveis de se analisar uma mesma situação a ser observada. A primeira representa a perspectiva da ação da criança jogando Traverse ou Quarto, sobre a qual o observador deve focar sua atenção. A segunda refere-se à atuação do próprio adulto, no sentido de variar sua ação, dependendo das necessidades do contexto de jogo. Há um projeto ou planejamento e este é atualizado na prática, o que implica auto-avaliação constante.

### Análise de aspectos relativos à ação da criança

Todo educador deve conseguir responder certas questões a respeito de seus alunos e/ou clientes. A forma de observação proposta neste caso refere-se ao tema "*o que* observar" enquanto a criança joga. A situação de jogo é muito rica, dado que exige do jogador uma participação intensa e ativa. Por isso, é interessante que o profissional aprenda também a aproveitar esse momento para coletar informações sobre a qualidade do pensamento da criança, representada por sua ação, utilizando o jogo como mais um instrumento de avaliação, diferente de outros métodos tradicionais.

Jogar Traverse e Quarto pode contribuir para que se detecte o domínio ou não de certos conceitos por meio da ação realizada pela criança, o que, em muitos casos reflete sua atuação em outros contextos. Por exemplo, pode-se descobrir de que modo organiza-se no espaço e no tempo, como estabelece relações entre partes e todo, se consegue coordenar simultaneamente diferentes aspectos de uma situação analisando todas as possibilidades, ou ainda, se é capaz de transferir conhecimentos adquiridos. Para obter-se essas informações, o profissional deverá ter um olhar aguçado sobre a situação de jogo. As questões a seguir, ajudam a conhecer um pouco mais como a criança pensa e que recursos tem para resolver situações do seu dia-a-dia.

### Questões (Traverse ou Quarto)

a) Como a criança se organiza no espaço? (coloca uma peça por casa, usa todo o espaço, explora diferentes regiões).
b) Domina o espaço do tabuleiro em termos de sentido e direção?
c) Explora todos os lugares possíveis para a colocação e deslocamento das peças?
d) Sua ação parece intencional, i.é., há indícios de planejamento?
e) É capaz de classificar as peças transferindo esse conhecimento para o momento do jogo?
f) É capaz de considerar o adversário para coordenar ataques e defesas ou fixa-se somente em suas próprias peças?
g) No decorrer de uma partida, movimenta simultaneamente várias peças ou tem necessidade de levar uma peça de cada vez até o outro lado do tabuleiro?
h) Explora todos os movimentos que cada peça permite?
i) Estabelece correspondências entre a forma das peças e suas respectivas direções?
j) Percebe simetrias quando tem um ponto de referência?
k) Consegue realizar "série de pulos", coordenando várias direções e sentidos ao mesmo tempo?
l) Considera as peças em jogo como obstáculo ou como recurso para movimentos mais longos?
m) Reconhece diferentes atributos no mesmo objeto?

### Possibilidades de atuação do adulto

Outro aspecto importante a ser considerado relaciona-se ao tema "*o que fazer*", visando observar as diferentes expressões da ação infantil. Preocupar-se com essa questão implica reavaliação constante da própria atuação profissional, o que contribui para identificar formas de intervenção mais adequadas, de acordo com as necessidades da criança. Essa atitude do adulto favorece o processo de aquisição de conhecimentos e contribui para a criança compreender conteúdos ainda não dominados.

Num primeiro momento, o profissional deve procurar garantir o cumprimento e a compreensão das regras do jogo, sem a preocupação de modificar a qualidade da ação da criança. Deve propor situações variadas que mostrem exclusivamente como jogar, esclarecendo todas as dúvidas que surgem. Tal forma de atuar traz duas contribuições. Uma delas é favorecer a ação espontânea da criança, que fica mais à vontade e, portanto, expressa sua forma de agir. A outra é obter informações menos "contaminadas" sobre os recursos que utiliza ao jogar.

Nesse contexto de investigação, o adulto pode modificar sua participação no jogo, atuando como adversário, parceiro ou juiz. Como adversário, joga contra uma criança ou grupo, alternando ações características de bom ou mau jogador. Pode, assim, criar "situações de risco" para observar os procedimentos adotados ou as dificuldades que surgem, jogando mal ou optando por perder intencionalmente. Significa escolher, dentre as jogadas possíveis, uma menos favorável ao objetivo, sem, no entanto, deixar transparecer que está "entregando o jogo" para a criança. Por exemplo, no Traverse pode realizar um passe curto em vez de "comer" um círculo e, no Quarto, pode não fazer o "Quarto", colocando a peça recebida em outra casa, para continuar a partida. Se a situação é grupal, além das estratégias de observação mencionadas, é interessante notar quais crianças se manifestam espontaneamente, as que têm uma participação silenciosa e as que efetivamente não estão jogando. Outra forma de atuação é ser parceiro de uma ou mais crianças, com o objetivo de valorizar o trabalho em equipe, sendo o respeito à opinião do outro e a divisão do material condições para a atividade acontecer. Uma terceira forma de atuação é ser o juiz do jogo, ajudando a resolver situações de impasse e esclarecendo dúvidas.

Além de modificar sua participação no jogo, o adulto deve propor facilitadores e introduzir novos desafios gradativamente. Essa decisão vai depender das necessidades da criança ou grupo com o qual está trabalhando, bem como dos objetivos a serem alcançados. Vejamos algumas situações. No caso do Quarto, pode-se começar o trabalho solicitando que a criança descreva as características percebidas em cada peça, jogando, então, apenas com tais atributos. Por exemplo, se ela identificar cor e forma, será possível dizer "Quarto" quando a linha estiver composta por peças claras ou escuras, quadradas ou redondas. Se conseguir identificar os quatro atributos, mesmo assim vale a pena trabalhar com menos nas primeiras partidas, visando diminuir a quantidade de coordenações necessárias para jogar e, privilegiando assim, a aprendizagem das regras. Outra possibilidade é considerar somente as linhas verticais e horizontais para a realização do "Quarto", desconsiderando as diagonais. Com relação ao Traverse, há várias possibilidades. Uma delas é introduzir parcialmente as regras, isto é, propor, por exemplo, jogar com 4 peças (uma de cada forma) para aprender os movimentos, realizando somente passes curtos. Em seguida, pode-se acrescentar duas novas regras: o passe longo e a conseqüência de saltar um círculo adversário. Outra possibilidade é realizar partidas com o número mínimo de jogadores por tabuleiro, ou seja, dois. Esse aspecto também facilita o jogo, pois diminui a quantidade de coordenações necessárias para fazer a travessia, "despoluindo" o tabuleiro. Isso favorece a visualização dos movimentos e tem como vantagem aumentar a intencionalidade das ações.

Modificar as dinâmicas de trabalho, na perspectiva da criança, é outra maneira de diversificar o desafio do jogo e manter o interesse. Propor atividades individuais, em duplas ou grupos maiores, de forma competitiva ou cooperativa são alguns exemplos. Na perspectiva do profissional, essa variação constante nas dinâmicas também possibilita a observação de situações relativas à socialização dos alunos. Por exemplo, pode-se perceber como ocorre a participação de cada um no grupo ou como esse grupo consegue organizar-se no trabalho como um todo.

Em síntese, a atuação do adulto e as atividades que propõe devem valorizar aspectos fundamentais do jogo, ao mesmo tempo aproximando-os das situações de aprendizagem com as quais pretende trabalhar.

## Implicações psicopedagógicas

Ao observar crianças de diferentes idades jogando Quarto e Traverse, podemos identificar três níveis de desempenho, elaborados com base na caracterização usualmente adotada por Piaget para analisar os sujeitos de suas investigações. No N1, a criança ainda não percebe o jogo como um todo e, portanto, trabalha com as peças isoladamente. No Traverse, por exemplo, esse "isolamento" entre as peças pode acontecer de duas formas:

1. A criança considera que o movimento de uma peça não tem conseqüências sobre as outras e, por isso, deixa de "aproveitar" as oportunidades da melhor maneira possível, pois não utiliza a relação entre as peças para lhe favorecer. Geralmente, gasta bastante tempo na travessia, o que acarreta, em muitos casos, perder a partida.
2. A criança faz a travessia de uma peça por vez, pois ainda não é capaz de coordenar parte e todo. Em outras palavras, enquanto uma peça não chegar ao outro lado do tabuleiro, não movimenta nenhuma das outras. Esse tipo de ação também faz com que seja necessário um tempo longo para o deslocamento completo de cada peça, o que prejudica o resultado final.

Além disso, a criança desse nível ainda não tem muito bem estabelecida a relação entre a forma da peça e o movimento correspondente. Isso acontece porque há uma distância entre a aprendizagem da regra e sua aplicação. Estabelecer correspondências é uma operação mental que consiste em atribuir ao objeto alguma característica que não lhe pertence e depende, portanto, de uma relação a ser construída. Por exemplo, é comum a criança ser capaz de descrever o movimento do losango corretamente e, ao mesmo tempo, movimentá-lo para frente durante o jogo.

No caso do QUARTO, a criança de N1 não é capaz de perceber as quatro características de cada peça simultaneamente, o que acarreta um subaproveitamento do sistema enquanto um todo. Além disso, os alinhamentos verticais, horizontais e diagonais das peças ora são, ora não são percebidos. Isso faz com que, muitas vezes, a criança não reconheça uma oportunidade de ganhar a partida. Nesse nível, a escolha de qual das peças vai ser descartada naquela jogada é muito rápida, pois considera apenas parcialmente as características, tornando a escolha casual.

No N2, podemos observar uma modificação significativa em termos da ação da criança durante o jogo. No TRAVERSE, por exemplo, o jogador já dispõe as peças na fileira inicial com alguma intencionalidade. Às vezes, imita a colocação das peças de seu adversário, indicando que está tentando descobrir qual a importância entre o lugar de partida e a forma da peça. Outra aquisição desta fase é conseguir estabelecer claramente os movimentos possíveis para cada peça e passar a usar isso nas tentativas de organizar algumas estratégias. Também é capaz de movimentar mais de uma peça de cada vez no tabuleiro, apesar de algumas ainda serem "esquecidas". Há tentativas de realização de passes longos, o que demonstra a percepção das peças como trampolins, ou seja, nesse momento a criança começa a perceber que cada parte tem o seu papel importante dentro do todo, e portanto, podemos observar o aparecimento de novas construções, com alguma implicação entre as ações. Segundo Piaget (1980), essas implicações permanecem simples e não articuladas entre si, pois baseiam-se unicamente em relações de posição e deslocamentos, sem considerar a ordem das sucessões (tanto das peças como dos jogadores). Em outras palavras, as implicações ainda não são compostas, pois a ênfase está no caráter espacial apenas e não no caráter espaço-temporal.

No QUARTO, a criança de N2 começa a avaliar os atributos das peças antes da jogada, isto é, demora mais tempo para escolher a peça que entregará ao adversário, bem como para decidir em qual lugar colocará uma peça recebida. Agora, a criança já considera a possibilidade de formar linhas verticais, horizontais ou diagonais, e, por isso, muda a posição do tabuleiro durante sua jogada, numa tentativa de alterar o ângulo de visão e enxergar alguma linha que esteja sendo formada. São os primeiros passos para a coordenação entre ataque e defesa. Assim como no TRAVERSE, as implicações entre as ações ainda são "simples", pois a posição é ainda preponderante sobre o tempo tanto de colocação das peças como de jogadas sucessivas durante a partida.

No N3, o jogador consegue antecipar suas ações, pré-corrigindo possíveis erros, justificando suas escolhas. Nesse nível, o sujeito é capaz de realizar ações interdependentes, o que constitui uma dialética real entre o jogo e o sujeito e as ações do jogador entre si (Piaget, 1980, p.75). A criança também consegue antecipar possíveis ações do adversário, mesmo as que não são realizadas. Neste momento, compreende que uma ação não é verdadeira nem falsa, mas pode ser melhor ou pior para atingir determinado objetivo. Cabe ressaltar que, o fato de ter as ações classificadas nesse nível não garante ganhar sempre. A diferença fundamental, no entanto, é que o jogador tem uma melhor dimensão dos motivos que o levam a ganhar ou perder uma partida.

## A observação nos jogos QUARTO e TRAVERSE

O objetivo deste capítulo foi analisar aspectos relativos ao ato de aprender a observar para obter informações sobre o pensamento de crianças em situações com os jogos QUARTO e TRAVERSE, além de promover, por parte do adulto, uma reflexão constante sobre a própria ação pedagógica. Com isso, buscou-se desenvolver formas de direcionar o olhar dos dois sujeitos que fazem parte do contexto de jogo: o jogador como observador da própria situação do jogo, e o profissional, como observador deste jogador.

Há diversas formas que podem ser sugeridas para se direcionar o olhar nesse sentido e no presente texto foram propostas duas. A primeira foi tentar descobrir as regras do jogo observando uma partida, a segunda foi buscar responder perguntas sobre os jogadores ao observá-los jogando. Uma outra forma possível seria propor situações-problema sobre o contexto de jogo. Enfim, seja qual for a proposta, o importante a ser destacado é que se deve desenvolver uma atitude de investigação curiosa e atenta sobre o que se quer conhecer. Com os jogos QUARTO e TRAVERSE pudemos ilustrar a importância de se adquirir competência no âmbito da observação, já que essa se impõe como condição para realizar tarefas escolares e desempenhar uma atuação profissional com mais qualidade.

Observar é uma forma de conhecer objetos, pessoas ou acontecimentos, estabelecer um conjunto de significações, realizar interpretações na busca de um conhecimento mais profundo. Significa identificar e coordenar relações que dependem dos recursos cognitivos de cada sujeito, mas que são também de ordem social e afetiva. Afinal, observa-se o quê? Quais são os critérios? Há interesse por parte do observador sobre aquele objeto? Quem solicitou a observação? Essas e outras questões certamente interferem no processo de observação e devem ser consideradas ao analisar-se a qualidade das ações realizadas pela criança ou adulto. Como nos lembra Hadji (1989, p.135-136):

> (...) o observador nunca é um espectador passivo que se limita a registrar. Porque só há observação quando um sujeito opera uma leitura orientada da realidade. (...) Sabemos que qualquer observação é caracterizada por uma "equação pessoal". Cada um de nós faz a triagem e a seleção de elementos de uma forma relativamente constante, em função de preferências pessoais (pressupostos, conceitos) e de particularidades da sua história (...) A realidade é filtrada; apropriamo-nos dela através de quadros específicos. Quando o objeto filtrado é um ser humano, há (...) uma dupla equação pessoal. Estão em presença dois observadores que interpretam mutuamente aquilo que percebem e modificam o seu comportamento em conseqüência disso.

Este trecho sugere que existem aspectos direta e concretamente observáveis no sentido descritivo (e mesmo assim, há diferentes olhares possíveis), bem como aspectos que são inferências ou interpretações de quem observa (o que pode variar ainda mais de pessoa para pessoa). No que diz respeito ao último, é muito importante considerar a possibilidade ou reservar um espaço para atualizar e modificar as informações já coletadas no caso de aparecerem novos dados. Cumpre ressaltar, que não basta conseguir descrever o objeto observado – um jogo ou um aluno – mas é preciso saber o que fazer com as informações obtidas, sendo necessário estabelecer uma teia de conexões que transformem as descobertas em propriedade do observador e do observado (se esse for uma pessoa). Essas novas descobertas acrescentam informações para ambos, principalmente se há um trabalho que pretende atribuir sentido a elas, o que permite direcionar ações futuras e contribui para a tomada de decisões. No caso do observador, será possível delinear novas atividades visando uma intervenção mais eficaz e pontual. No caso do jogador (o observado), poderá melhorar seu desempenho na partida e, quem sabe, construir novos meios para superar desafios.

Para situarmos melhor essa questão, voltemos a pensar em um dos jogos que ilustram este capítulo. O jogo TRAVERSE tem como objetivo atravessar o tabuleiro ultrapassando os diversos obstáculos encontrados pelo caminho. Uma estratégia útil ao jogador é observar cuidadosamente o percurso a fim de organizar um trajeto seguro e o mais rápido possível. Ao observarmos a atuação de uma criança, visando entender como pensa, podemos considerar, como nos lembra Piaget (1980, p.63), três fatores dialéticos para analisar essa estrutura de jogo. O primeiro diz respeito "(...) a uma interdependência geral que se modifica sem parar, após cada lance", ou seja, todas as peças têm relação umas com as outras, o que implica dependência mútua e permanente interferência de uma sobre todas. Traduzindo essa explicação para uma situação no jogo, significa dizer que, ao movimentar um quadrado uma casa para frente, toda a configuração do tabuleiro pede uma atualização diante dessa alteração. Esse movimento pode até mesmo inviabilizar uma jogada pretendida pelo adversário. O segundo fator indica "(...) uma relativização constante das significações, dado que cada mudança na posição das peças aumenta ou diminui as probabilidades de acertos ou erros". Mesmo que isso não fique claro para um iniciante, desde o princípio da partida, as boas e más jogadas influenciarão no resultado, favoravelmente ou não, tendo em vista que as relações entre as peças são múltiplas e complexas. O terceiro fator dialético refere-se à (...) utilização contínua das implicações entre as ações (...) (idem), ou seja, o jogador deve inferir as conseqüências das próprias ações e tentar antecipar as jogadas possíveis do adversário, para que possa coordenar ataque e defesa. Podemos, assim, a partir da observação feita durante uma partida, lançar hipóteses que possam identificar alguns aspectos que caracterizam a estrutura do pensamento da criança, de acordo com as diferentes informações que obtemos ao observá-la jogando.

Hadji (1989) sugere ainda que, para recolher informações, é fundamental ter consciência dos aspectos que geralmente favorecem tal processo. Por exemplo, se retomarmos um momento do jogo QUARTO em que hajam várias peças distribuídas no tabuleiro, sabemos que um bom "jogador-observador" deve, antes de entregar uma nova peça a seu adversário, levar em consideração simultaneamente todos os sentidos possíveis de se formar o "QUARTO" (vertical, horizontal ou diagonal). Outra ação que não pode faltar é olhar as peças disponíveis antes de escolher o lugar onde colocar sua próxima peça. Em síntese, os dois exemplos citados valorizam a observação sob os pontos de vista do observador e do jogador, que, desse modo, podem tomar decisões mais articuladas com o contexto, sempre com o objetivo de apreender, da melhor forma possível, o objeto que pretendem conhecer.

Uma análise também possível de ser feita, do ponto de vista do adulto, diz respeito à produção geral da criança durante o jogo, ou seja, de "acertos" e "erros" que faz na partida. Ambos dão ao profissional informações preciosas sobre a forma de pensar do jogador, mostram-lhe o quanto a criança já é capaz de coordenar vários aspectos simultaneamente e que hipóteses já tem como "verdadeiras". Segundo Macedo (1996, p.199-200):

> Se o erro só faz sentido em comparação ao acerto e se ambos dependem de um julgamento, de uma interpretação, de uma referência, isso implica serem observáveis muito difíceis (...) temos de aprender a julgar o erro e o acerto. O erro pode ser um observável para quem o julga, mas não para quem o comete. O erro como resposta, que alguém julga errada, é algo externo. Como transformar o erro em uma questão (e não

apenas em uma resposta)? Como transformá-lo em um problema que exige crítica e superação?

Responder a essas perguntas é de fundamental importância. O trabalho realizado para desencadear na criança a passagem de um nível de pensamento para outro superior pressupõe a somatória de duas variáveis básicas: informações, sempre atualizadas, colhidas sobre a criança e avaliação constante de sua própria ação pedagógica. É a partir dessa análise que o adulto pode organizar o tipo mais adequado de intervenção para cada caso.

Em muitas situações, aquele que observa cuidadosamente um objeto ou acontecimento tem a oportunidade de constatar que há um grande número de dados constantemente presentes independentemente de informações prévias, que podem (e devem) ser utilizados para um melhor entendimento sobre a estrutura e funcionamento daquele objeto. Assim, observar algo levando em conta o máximo de informações possíveis permite a construção de hipóteses cada vez mais próximas dos aspectos que caracterizam o objeto, seja ele um jogo, uma situação ou mesmo uma pessoa.

Em síntese, aprender a observar e tirar conclusões que ajudem a melhorar aspectos insuficientes de um sistema é uma tarefa desafiadora. Implica considerar as informações em profundidade e extensão, o que nem sempre é possível. Por isso, é preciso, na maioria das situações, realizar recortes para delimitar o estudo e estabelecer o foco de análise, visando facilitar a compreensão do objeto como todo. Não há dúvidas sobre a importância de aguçar o olhar sobre determinados aspectos. Dessa forma, resta-nos construir estratégias e exercitá-las, criando assim, a possibilidade de melhorar nossa competência para o ato de aprender.

# REFERÊNCIAS BIBLIOGRÁFICAS

ALLEAU, R. (direção). *Dicionário de jogos*. Porto: Inova, 1973.
BOUTINET, J. P. *Antropologia do projeto*. Lisboa: Instituto Piaget, 1996.
BRENELLI, R. P. *O jogo como espaço para pensar*. Campinas: Papirus, 1996.
CASTORINA, J. A. et al. *Psicologia genética – aspectos metodológicos e implicações pedagógicas*. Trad. J. C. de Almeida Abreu. Porto Alegre: Artes Médicas, 1988. 130p.
COLL, C. et al. *Os conteúdos na reforma: ensino e aprendizagem de conceitos, procedimentos e atitudes*. Porto Alegre: Artes Médicas, 1998.
DE BOUIS . In: *Dicionário de jogos*. Porto: Inova, 1973.
DE VOOGT, A. *Mancala board games*. London: British Museum Press, 1997.
DORNELES, B.V. e MACEDO, L. DE. *Educação transformadora e epistemologia construtivista*. São Paulo: 1994. (mimeografado).
ESTRELA, A. *Teoria e prática de observação de classes – uma estratégia de formação de professores*. Porto: Porto Editora, 1994.
FERREIRO, E. e TEBEROSKY, A. *Psicogênese da língua escrita*. Trad. D. M. Lichtenstein et al. Porto Alegre: Artes Médicas, 1986.
HADJI, C. *A avaliação, regras do jogo – das intenções aos instrumentos*. Porto: Porto Editora, 1994.
KAMII, C. e DECLARK, G. *Reinventando a aritmética*. Campinas: Papirus, 1986.
KAMII, C. e DEVRIES, R. *Jogos em grupo na educação infantil: implicações da teoria de Piaget*. São Paulo: Trajetória Cultural, 1991.
\_\_\_\_. *O conhecimento físico na pré-escola*. Porto Alegre: Artes Médicas, 1986.
KISHIMOTO, T. M. *Jogos tradicionais infantis – o jogo, a criança e a educação*. Rio de Janeiro: Vozes, 1993.
MACEDO, L. de, PETTY, A. L. e PASSOS, N. C. *4Cores, Senha e Dominó – oficinas de jogos em uma perspectiva construtivista e psicopedagógica*. São Paulo: Casa do Psicólogo, 1997.
MACEDO, L. de (org.) Para uma psicopedagogia construtivista. In: ALENCAR, E. S. (org). *Novas contribuições da psicologia aos processos de ensino e aprendizagem*. São Paulo: Cortez, 1992.
\_\_\_\_. *Ensaios Construtivistas*. São Paulo: Casa do Psicólogo, 1994.
\_\_\_\_. *Cinco estudos de educação moral*. São Paulo: Casa do Psicólogo, 1996.
\_\_\_\_. O lugar dos erros nas leis ou nas regras. In: MACEDO, L. de (org.) et al. *Cinco estudos de educação moral*. São Paulo: Casa do Psicólogo, 1996.
\_\_\_\_. Apresentação. In: RABIOGLIO, M. (coord. e org.) *Jogança: brincadeiras do nosso tempo de criança e outras histórias de sala de aula*. Faculdade de Educação da USP, São Paulo, 1998. (mimeografado).
\_\_\_\_. Aula ministrada no curso "Jogos, diagnóstico e intervenção psicopedagógica". São Paulo: USP, Instituto de Psicologia, junho de 1999.

____. *Competência e habilidades: elementos para uma reflexão pedagógica*. Inédito. São Paulo: Instituto de Psicologia, USP, 1999.
MEIRIEU, P. *Aprender... sim, mas como?* Porto Alegre: Artes Médicas, 1998.
ODELEYE, A. O. et al. *Ayo – A popular Yoruba game*. Nigéria: Oxford University Press, 1977.
*Os melhores jogos do mundo*. São Paulo: Abril, [s.d.].
PERRENOUD, P. *Construir as competências desde a escola*. Porto Alegre: Artes Médicas, 1999.

PIAGET, J. *Seis estudos de psicologia*. Rio de Janeiro: Forense, 1964.
____. *Seis estudos de psicologia*. Rio de Janeiro: Forense, 1969.
____. Considerações finais. In: VONÈCHE, J.J.; GARCIA, R. E INHELDER, B. *Epistemologia genética e equilibração*. São Paulo: Forense, 1976.
____. *A formação do símbolo na criança*. Rio de Janeiro: Zahar, 1978.
____. *Para onde vai a educação?* Rio de Janeiro: José Olympio, 1988.
____. *Psicologia e pedagogia*. Trad. D. A. Lindoso e R. M. R. da Silva. Rio de Janeiro: Forense-Universitária, 1988.
____. *As formas elementares da dialética*. São Paulo: Casa do Psicólogo, 1996.
____. *As formas elementares da dialética*. São Paulo: Casa do Psicólogo, 1996.
____. O trabalho por "équipes" na escola – notas psicológicas. *Revista Psicopedagogia*. ABPp, São Paulo, vol. 15, n. 36. p.14-20, 1996. (versão adaptada por Botelho, A.).
____. *Sobre a pedagogia – textos inéditos*. In: PARRAT, S. e TRYPHON, A. (org.). São Paulo: Casa do Psicólogo, 1998.
PIAGET, J. e INHELDER, B. *A representação do espaço na criança*. Trad. B. M. de Albuquerque. Porto Alegre: Artes Médicas, 1993.
PIAGET, J. E SZEMINSKA, A. *A gênese do número na criança*. Trad. C. M. Oiticica. Rio de Janeiro: Zahar, 1981.
RETSCHITZKI, J. *Strategies des joueurs d'Awele*. Paris: L'Harmattan, 1990.
*Superinteressante*. São Paulo: Abril, julho, 1990.
VINH-BANG. A intervenção psicopedagógica. *Revista Psicopedagogia* – ABPp, São Paulo, vol. 14, n. 34, 1995. (versão adaptada por Petty, A.L. e Passos, N.C).

# ANEXOS

## Anexo 1

Tabela para registro de pontos do QUILLES

Nome do jogador _____
Data: _____

| Turnos | 1ª jogada | 2ª jogada | Total |
|--------|-----------|-----------|-------|
| 1 | | | |
| 2 | | | |
| 3 | | | |
| 4 | | | |
| 5 | | | |

## Anexo 2

Tabela para registro de pontos do SJOELBAK

Nome do jogador: _____
Data: _____

| Partidas | Discos C 2 | Discos C 3 | Discos C 4 | Discos C 1 | Discos p/bônus | Pontos para bônus | Bônus | Pontos restantes | Total |
|----------|------------|------------|------------|------------|----------------|-------------------|-------|------------------|-------|
| 1ª | | | | | | | | | |
| 2ª | | | | | | | | | |
| 3ª | | | | | | | | | |

Total das 3 partidas = _____

ESPAÇO PARA CONTAS

# Anexo 3

Solução das situações-problema

## Quilles

1.
   a) Há muitas respostas possíveis. Dentre elas:

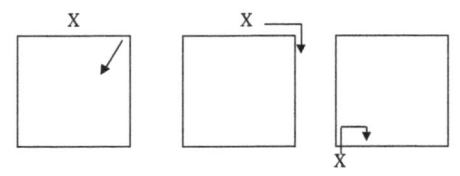

   b) Já foram derrubados 6 pinos.
   Operações possíveis: (1+1+1+1+1+1) ou (9-3).

2. Mudar a posição da bola dependendo dos pinos que estão de pé.

3. 72 pontos.

4.
   a) 7 pinos.
   b) Fez 11 pontos, porque os 7 pinos restantes derrubados no segundo arremesso valem 9, que adicionados aos 2 pontos iniciais totalizam 11 (2+9=11).

5. 9 pinos.

6. Fez 14 pontos ao todo: 5+ (4 que valem 9)=14.

## Sjoelbak

1. 69 pontos.
2. 88 pontos.
3. 148 pontos.
4. Acertou 3 discos na casa 1 e 2 na casa 2. Foram encaçapados 14 discos.

# Anexo 4

Solução das situações-problema

**Caravana**

1. Começar pela casa 10, porque permite mais uma jogada.
2. a) Mexeria as casas 9 ou 11 para para se defender de B.
   b) Deve mexer a casa 4 e jogar novamente saindo da casa 1 para capturar 4 sementes que estão na casa 9 do adversário.
3. a) A seqüência de movimentos é 12, 11, 12, 10, 12.
   b) O jogador ganhará 5 sementes.
4. a) O jogador A, porque resgata 12 sementes. O jogador B consegue, no máximo, 10 sementes, movimentando sua semente de 2 para 3.
   b) Seqüência de movimentos: 12-11-12-10.

**Resta Um**

*Cruz*

a) 10-12; 24-10; 9-11; 12-10; 5-17; ou

b) 10-08; 24-10; 11-09; 08-10; 05-17

*Pirâmide*

a) 18-20; 27-13; 10-12; 22-08; 24-22; 21-23; 26-24; 13-11; 08-10; 23-09; 10-12; 24-10; 09-11; 12-10; 05-17; ou

b) 26-12; 24-26; 27-25; 16-28; 10-24; 12-10; 25-11; 21-23; 28-16; 15-17; 10-08; 24-10; 11-09; 08-10- 05-17; ou

c) 10-08; 23-09; 08-10; 21-23; 24-22; 22-08; 11-09; 25-11; 08-10; 10-24; 27-25; 24-26; 26-12; 12-10; 05-17

Observação: para resolver a pirâmide há, pelo menos, mais 10 soluções possíveis.

*Árvore*

33-25; 24-26; 32-24; 31-23; 23-25; 26-24; 11-13; 09-11; 24-10; 10-12; 13-11; 11-03; 03-01; 01-09; 08-10; 05-17.

*Letra F*

a) 17-15; 28-16; 16-04; 11-09; 04-16; 15-17; ou
b) 16-04; 11-09; 04-16; 17-15; 28-16; 15-17.

Observação: há mais 2 soluções possíveis.

*Resolução por regiões*

| Região 1 | Região 2 | Região 3 | Região 4 | Região 5 | Região 6 |
|---|---|---|---|---|---|
| 29-17 | 22-24 | 26-24 | 06-18 | 27-25 | 17-15 |
|  | 09-23 | 33-25 | 09-11 | 20-18 | 28-16 |
|  | 24-22 | 31-33 | 18-06 | 18-06 | 16-04 |
|  | 21-23 | 18-30 | 03-11 | 13-11 | 11-09 |
|  | 14-16 | 33-25 | 02-10 | 06-18 | 04-16 |
|  | 07-09 | 24-26 | 01-09 | 25-11 | 15-17 |